P9-CEQ-700

Carlos Cuauhtémoc Sánchez

TIEMPO DE GANAR

8 semanas que elevarán al máximo tu rendimiento personal

El sistema de trabajo que cambiará tu vida

ISBN 978-607-7627-58-6

Mariano Escobedo No. 62, Col. Centro, Tlalnepantla Estado de México, C.P. 54000, Ciudad de México. Miembro núm. 2778 de la Cámara Nacional de la Industria Editorial Mexicana.
Tels. y fax: (55) 55-65-61-20 y 55-65-03-33
Lada sin costo desde el interior de la República Mexicana: 01-800-888-9300
EU a México: (011-5255) 55-65-61-20 y 55-65-03-33
Resto del mundo: (+52-55) 55-65-61-20 y 55-65-03-33
informes@editorialdiamante.com ventas@editorialdiamante.com
Diseño de portada y formación: L.D.G. Leticia Domínguez C.

www.carloscuauhtemoc.com
www.editorialdiamante.com
www.metodotiming.com

facebook.com/GrupoEditorialDiamante
facebook.com/carloscuauhtemocs
youtube.com/gpoeditorial
twitter.com/ccsoficial
twitter.com/editdiamante

IMPRESO EN MÉXICO / PRINTED IN MEXICO
Este libro se imprimió en Octubre del 2013 en:
EDAMSA Impresiones, S.A. de C.V. - Av. Hidalgo No. 111 Col. Fracc.
San Nicolás Tolentino C.P. 09850 Del. Iztapalapa, México D.F.
ESD 2e-58-6-M-10-10-13

INTRODUCCIÓN

Cuando hablo, no esgrimo las sutilezas que procuro cuando escribo. Con mis oyentes suelo ser impetuoso; los confronto, los tuteo. Sé que quienes se dan cita en un auditorio para escucharme son mis "clientes del oasis"; los usuarios de mis productos, aunque voy más allá: los considero mis amigos, y a mis amigos, les hablo claro.

Querido lector: Disculpa la confianza que me tomo, pero en este libro quiero expresarme más como el orador que como el escritor. Hablarte sin reservas. Decirte cosas que jamás he difundido por escrito; la esencia de asesorías a equipos de trabajo, empresas y líderes, que en buenas manos puede valer mucho dinero. Durante años me he negado a escribir este material. Ponerlo en un formato de papel o texto (hoy en día tan poco valorados) parece un mal negocio. Pero los tiempos han cambiado. Los negocios que antes eran buenos, ya no lo son. Y viceversa. Además, últimamente he pensado que no solo la gente que asiste a escucharme en una conferencia es mi amiga, también (y sobre todo) lo es, la que me lee. **Tú**.

Te hablaré con la mayor franqueza con la que un autor puede hacerlo. Sonará raro, pero descuida. Te acostumbrarás.

He leído casi todas las obras de los grandes gurús del lid[illegible] razgo como Stephen Covey, Brian Tracy, Robert Kiyos[illegible] Michael Gerber, Ken Blanchard, John Maxwell, Tom P[illegible] y muchos otros. Mi único vicio en la vida es colecc[illegible] bros, resumirlos, subrayarlos, hacer mis propias [illegible] nes. Los grandes maestros me han enseñado [illegible] gocios. Además tengo un secreto: El **MÉTOD**[illegible] cuestión de trabajo es lo mejor que puedo [illegible]

Cualquier persona que lo siga al pie de la letra puede lograr resultados sobresalientes. Por ello, mis obras han obtenido reconocimiento mundial. Te suplico que no tomes el comentario como un intento de presunción; solo quiero hablarte sin máscaras. Mucha gente me conoce por libros como *Un grito desesperado, Juventud en éxtasis, Sangre de campeón o Los ojos de mi princesa*. He escrito casi treinta y todos han alcanzado categoría de best sellers. Pero lo que hay detrás de mis logros como escritor, es lo que sustenta también otros logros en áreas muy distintas; gracias al método **TIMING** he alcanzado victorias deportivas, empresariales y personales. Sin duda cometo errores continuamente, pero al final las cosas funcionan porque las hago siguiendo ese método. Es universal. Atemporal. Le serviría tanto al trabajador técnico como a los mandos intermedios y a los altos ejecutivos de cualquier industria. De hecho funciona para todo ser humano y empresa que quiera comenzar a ganar. ¡Caray! ¡Es tiempo de ganar! ¡Ganar clientes, dinero, posicionamiento, prestigio, relaciones, oportunidades!

Te invito a leer este libro de tapa a tapa. Por favor, dale la importancia que tiene. Si lo examinas bien, hallarás justo lo que tu equipo necesita. Organícense para que todos sus integrantes lo estudien y hagan los ejercicios que conforman el proceso completo. Reúnanse y discutan los temas una vez a la semana durante ocho semanas (aunque tú puedes leer el libro en dos o tres días, a los "pasos" del método les llamo "semanas"; es una cuestión semántica).

Creo en *momentos* que cambian destinos. En *reflexiones* que impactan la mente y nos llevan a propiciar grandes hechos. Cuando hablo en público invito a mi audiencia a buscar esos *momentos y reflexiones*. Te invito a que hagamos lo mismo en este libro. **Porque ya basta de perder. Es tiempo de ganar...**

1ª SEMANA

RITMO PRODUCTIVO

Si deseas convertirte en una **PERSONA DE ALTO RENDIMIENTO** será necesario que actives *diariamente* el **RITMO** adecuado en tus movimientos y pensamientos.

1

PRODUCTIVIDAD MEDIBLE

Ayer mi hijo me invitó a jugar con una aplicación interactiva. Desde el teléfono debía disparar a los blancos enemigos, pero no los identificaba fácilmente. Los ladinos se escondían. Fui acribillado una y otra vez. Mi hijo se rio. "¿Por qué no disparas, papá?". Contesté: "Porque no sé qué rayos estoy buscando".

¿Qué buscamos en este libro? ¿Los más altos niveles de **RENDIMIENTO PERSONAL**? Y ¿qué es eso? Nuestra **PRODUCTIVIDAD MEDIBLE.**

Si habláramos de fabricación industrial, haríamos comparaciones como ésta: La "máquina X" elabora juguetes; hace un gran ruido, mueve engranes, empuja pistones, activa inyectores, consume combustible y produce DIEZ juguetes al día. Por otro lado, la "máquina Z", no hace ruido, consume menos combustible y produce MIL juguetes diarios. ¿Cuál es más productiva?

Como aquí hablaremos de personas, pensemos por ejemplo, en el "joven X": a los 30 años culminó su carrera profesional y dos maestrías; se casó, tiene un hijo y una esposa a quienes cuida con esmero; se ha convertido en líder de ventas y genera en promedio treinta negocios importantes al año. Ahora comparémoslo con el "joven Z", de la misma edad: no terminó la universidad, está indeciso de casarse con su novia, ha cambiado de empleo cinco veces, actualmente no tiene trabajo, y no ha generado ningún negocio de importancia... ¿Cuál de los dos jóvenes es más productivo?

Todos tenemos la misma cantidad de días y horas en un lapso de tiempo. Para medir **EL RENDIMIENTO PERSONAL** debemos preguntarnos ¿quién hace más cosas buenas durante ese lapso? ¿Qué resultados *medibles* logran uno y otro?

¿Acaso se trata de una competencia? ¡Qué inconveniente!, (protestarán algunos). Claro (habrá que contestarles): La vida es una competencia; con los demás y con nosotros mismos. De hecho, el resumen es éste: **Se recuerda con mayor admiración y cariño a las personas altamente productivas porque siempre dejan un legado.**

Anteriormente la gente soñaba con retirarse o jubilarse para no hacer nada. Hoy sabemos que solo quien aprende a ser productivo se puede considerar jubilado. Porque la productividad le da otro giro a nuestros actos. Convierte el agotamiento en satisfacción. Quien ama lo que hace y lo disfruta, está retirado del trabajo, pero no deja de ser productivo jamás.

Hace dos años conocí a un hombre muy especial. Se llama Joch. Hizo las gestiones para contratarme a nombre de su empresa. De entre todos los productos de capacitación, su director general eligió el más completo y caro. Ocho sesiones, una por semana, para entrenar a los trabajadores y gerentes de la Compañía en el **MÉTODO TIMING**. Como la empresa en la que Joch trabajaba se encontraba en Guadalajara y en aquél entonces yo radicaba en la ciudad de México, iba a tener que tomar un avión de ida y vuelta cada lunes durante dos meses.

Joch me esperaba en la sala de llegadas del aeropuerto. Sostenía, tembloroso, un letrero con mi nombre. Iba enfundado en una especie de aparato ortopédico para piernas completas con dos bastones de apoyo. Me acerqué a él identificándome. Se aprestó a abrazarme poniéndose en problemas de equilibrio. Después acomodó sus bastones, tomó la empuñadura de mi maleta y la jaló. Cojeaba de la pierna izquierda y hacía un extraño movimiento semicircular con la derecha. Nos subimos a un taxi. De camino a las oficinas me confesó que había tenido un accidente de trabajo seis meses atrás. Me relató contristado:

«Fue una tragedia, afectó a toda la empresa; el rendimiento de los trabajadores bajó, la productividad cayó; por eso estás aquí; convencí al director general para que te contratara, pero en realidad lo hice también con la esperanza de que me ayudaras a mí. Verás. Después del accidente fui reasignado como encargado de presupuestos y cotizaciones. Sin embargo odiaba esa labor; soy malo para los números, estaba deprimido e influido por los pensamientos venenosos de otro compañero. Así que comencé a trabajar lo menos posible; jamás terminaba lo que me encargaban, hasta que estalló una bomba por causa mía: La empresa perdió la licitación de tres concursos de los que yo estaba encargado. El *ge jota* (así le decimos; significa *gran jefe,* aunque después yo le agregué TS que quiere decir *toro sentado*) —sonrió—, el GJ-TS se puso furioso. Me dijo:

—Joch. Tú estás aquí por lástima; el director general de la empresa desea ayudarte y de paso curarse en salud, para que no lo demandes, pero en realidad has dejado de ser productivo. Entrégame todo tu departamento y tu oficina; ahora te mudarás al último rincón y ahí pasarás el día.

—¿Me estás corriendo? —le reclamé.

—De ninguna manera —contestó—, solo te estoy liberando de las labores que tanto te molestan; cumplirás tu horario de trabajo sin hacer nada. Recibirás tu sueldo íntegro...

En mi empresa hay muchos trabajadores poco eficientes, pero yo soy el número uno. El rey de los improductivos. Así me conocen. Y, la verdad, ya me harté de eso».

Joch tenía razón en su hartazgo. Ninguna persona mentalmente sana puede ser feliz sabiéndose improductiva.

Por definición, el improductivo es estéril, carece de propósito en la vida, estorba, origina conflictos, pide favores y préstamos (se especializa en pedir); incluso limosna; y con frecuencia acaba en profunda depresión. De hecho, quien no se valora a sí mismo es improductivo: no hace bien su trabajo, no cumple sus promesas, no está cuando se le necesita, no tiene fuerza para enfrentar retos.

Nuestra PRODUCTIVIDAD incluye generar dividendos económicos, pero va mucho más allá del dinero. Tiene que ver con nuestra influencia en el mundo y estima propia. Independientemente del trabajo, tú y yo *vivimos para ser productivos*. Esa es nuestra razón de existir.

2

DIS-FRUTABLES

DAR FRUTO es progresar para tu propio beneficio, pero brindando también a otros el beneficio de tu trabajo. Quien **DA FRUTO** es alguien **DISFRUTABLE**. Dis-frutar viene de la palabra des-frutar; antes, por ejemplo, un niño le decía a su padre: ¿puedo des-frutar el árbol de peras? Se des-fruta un árbol quitándole la fruta para comerla, venderla o sembrarla.

¿Conoces a alguien cuya compañía se disfruta? Es porque produce buen fruto: ¡Sus palabras, su sabiduría, sus consejos, su riqueza material, o sus bromas! ¿Conoces a alguien cuya compañía prefieres evitar? Es porque no produce fruto (o el poco que produce es amargo). Ser productivo es sinónimo de dar buenos frutos. (Y por sus frutos los conoceréis).

Joch me platicó que esa sensación de improductividad lo estaba matando. Dijo: «Me separé de mi esposa después del accidente y ella se ha negado a hablar conmigo porque dice que contamino su estado de ánimo. A mis padres, no les interesan mis charlas. Mi sobrino no quiere que yo le ayude a hacer sus tareas. Me siento rechazado por todos. Hace poco, me miré al espejo y me di cuenta que estaba frente a la imagen de una persona sin vida, invisible, que podría no existir y daría exactamente lo mismo».

La medida es simple: puedes saber cuán productivo es un ser humano, evaluando qué tan disfrutable es; cuál es su grado de aportación al entorno y a sí mismo.

Todo lo que tenemos en la vida es prestado. El cuerpo, la familia, los talentos, el dinero, los bienes materiales. Nuestra obligación elemental es hacer que todo cuanto está bajo nuestro cargo se multiplique y mejore. Por el simple hecho de que tú toques algo o a alguien, debe valer más. No menos. Nuestra misión en la vida es ***sumar valor*** a aquello en lo que tenemos injerencia. Tu hijo no puede decir: "por culpa de mis padres estoy traumado, lastimado y apocado"; debe decir: "gracias a ellos soy una persona exitosa y feliz". Nuestra existencia tiene diferentes dimensiones. Las principales son: salud física, preparación mental, espiritualidad, pareja, familia, amistades, trabajo y creatividad. En todas ellas debemos ***sumar valor y dar fruto***.

Ahora hablemos de trabajo. En ese ámbito, el tema de la *productividad* causa incomodidades, porque cuando alguien lo menciona creemos que tiene intenciones de hacernos trabajar más. Pero veamos las cosas en blanco y negro: El trabajo es una de las áreas vitales de toda persona sana. Quien no tiene trabajo se siente incompleto. Tú y yo somos personas de bien, *por lo tanto trabajamos*.

Si alguien nos contrata, lo hace por una sola razón: porque podemos **DAR FRUTO** valioso. Al momento en que dejemos de generarlo, perderemos el empleo. Lo mismo aplica si ponemos un negocio: nuestros clientes nos buscan porque les damos un "producto disfrutable" a cambio de su dinero. Dejemos de darles ese producto y se irán con la competencia.

Cuando solo "cumplimos", llenamos un hueco. Pero si desbordamos nuestras habilidades en éxitos que exceden lo requerido, nos convertimos en personas altamente realizadas, distinguidas por un fruto de grandeza, con la satisfacción intrínseca de saber que, sin nosotros, nuestro pequeño mundo no sería lo que es; entonces nos amamos más porque la alta **PRODUCTIVIDAD PERSONAL** eleva la autoestima.

3

CUESTIÓN DE RITMO

A pesar de su doble cojera, Joch se movía rápido. Caminando por las oficinas de su empresa, detrás de él, miré alrededor tratando de percibir «el ritmo» del lugar. La gente parecía impecable, uniformada, en silencio, pero noté que me espiaban con desconfianza. Algunos murmuraban al verme pasar. Había algo pesado en el ambiente. Iba a ser un reto interesante impartir ocho conferencias a los empleados de esa Compañía.

Para llegar al cubículo de Joch, fue necesario sortear un acceso obstruido por cajas de cartón y aparatos eléctricos descompuestos; su rincón tenía escasos dos metros cuadrados, con una silla y una mesa desvencijada. La luz era mortecina. Casi lúgubre. No había teléfono ni computadora.

—Te presento mi mazmorra de castigo. Aquí paso cuarenta horas a la semana haciendo nada. Pero en realidad no soy el único. Hay muchos que aparentan trabajar y pierden el tiempo de lo lindo.

El RITMO NEGATIVO se percibía en el ambiente. Aunque Joch mantenía un puesto de *bajo rendimiento* "oficial", algunos otros lo tenían a escondidas. Dejaban pasar la jornada sin producir mucho. **¿Cómo elevar nuestro RENDIMIENTO PERSONAL en cada área** (no solo en el trabajo, pero incluyéndolo)? La respuesta es axiomática: ***todo es cuestión de ritmo***.

Imagina que caminas con tu pareja en un bosque; ambos escuchan el rumor de los árboles, las hojas rozándose a causa del viento, el lejano riachuelo emitiendo el eco del agua en movimiento, los pájaros gorjeando; los insectos frotando sus patas y grillando. Hay un *beat* musical que los envuelve. Tu pareja y tú van por el bosque tomados de la mano y construyen una conversación de amor. A veces guardan silencio y respiran hondo, forman parte de un **RITMO PRODUCTIVO**. Ahora imagina que en ese ambiente exquisito se escucha el ruido de un grupo de personas acercándose con sierras y antorchas para cortar árboles y quemar plantas; también cargan armas, disparan a los animales y profieren majaderías. ¿Qué sucedió? Los intrusos traen consigo un nuevo ritmo. Completamente asincrónico. Un **RITMO NOCIVO**.

Hace poco visité la casa de unos amigos, quienes no se explican por qué su joven adolescente es tan rebelde. El muchacho estaba encerrado en el baño. Escuchaba a todo volumen una música asonante, átona, desafinada, conformada solo por percusiones; el vocalista, de voz grave y rasposa, repetía el estribillo reiterativo. *Fuck you, fuck you, fuck you*. Y el coro le contestaba *Fuck your mother*, una y otra vez. Me pregunté si nadie en esa casa se daba cuenta que la música también contribuye a ponernos en **RITMO POSITIVO O NEGATIVO**. Que ***los seres humanos somos rítmicos***. De manera automática todos tenemos un **COMPÁS DE DESPLAZAMIENTO** por la vida, al trabajar, al charlar, al efectuar cada uno de nuestros quehaceres. Nos movemos conforme a ciertos ***BEATS* MENTALES**.

Este concepto es neurálgico, de importancia fundamental:

► **ENTRAMOS A UN RITMO PRODUCTIVO (+)** cuando por hacer cosas que construyen y levantan nuestra estima propia, percibimos una **CADENCIA MENTAL** que nos lleva a hacer más cosas positivas; entonces aprovechamos las horas al máximo, nos sentimos plenos y dejamos una estela de bienestar. **RECUERDA ESOS DÍAS EN LOS QUE REALIZAS ACTIVIDADES EXITOSAS**; sientes entusiasmo y energía para realizar otra y otra más; a cada tarea que completas le pones una palomita (buena calificación mental) y eso te anima a seguir adelante; nada parece detenerte; tu **CADENCIA** es rápida, eficiente; al terminar la jornada te das cuenta que finalizaste trabajos pendientes, resolviste problemas, obtuviste ganancias, consolidaste relaciones, y la gente con la que conviviste terminó haciendo lo que sugeriste.

► **ENTRAMOS A UN RITMO NOCIVO (-)** cuando cometemos errores o las cosas nos salen mal, nos llenamos de emociones negativas y percibimos un ***BEAT* ASINCRÓ-**

NICO; entonces nos peleamos con la gente, el día se nos esfuma sin que hayamos hecho nada productivo y dejamos una estela de conflictos. **RECUERDA ESOS DÍAS EN LOS QUE SIENTES IRRITACIÓN Y FASTIDIO.** Te peleas con todos. Te equivocas una y otra vez. Haces cosas que molestan a los demás. Como no avanzas en el trabajo, decides posponer los pendientes. Tu **CADENCIA** es lenta, desafinada; te duele la espalda, la cabeza, la rodilla o la rabadilla, y al final del día solo te apetece tirarte a ver la televisión o dormirte.

Todos hemos experimentado los dos tipos de días. Durante un periodo determinado de años, hay gente que vivió más tiempo computable en **RITMO PRODUCTIVO (+)**. Por lógica matemática, esa gente logró más cosas; tuvo mayor rendimiento. Simple ¿no crees? Ése es parte del secreto del "joven X" que ha logrado tanto a sus treinta años de edad. **El RITMO PRODUCTIVO** (+) hay que buscarlo, provocarlo, crearlo y hacerlo fluir. **EL RITMO NOCIVO** (-) hay que evitarlo, romperlo, revertirlo.

En el deporte esto se aplica todo el tiempo. Durante un partido en el que dos equipos o atletas compiten, con frecuencia uno de ellos tiene el control de las jugadas, es más rápido, más certero, más dominante. ¿Qué hace entonces el contrario? ¡Pedir tiempo fuera, distraer, fingir una lesión o simplemente cambiar el ritmo del partido! En el deporte todo es cuestión de ritmo. En la vida y en el trabajo, también. Si has perdido dinero, tiempo, posicionamiento, prestigio u oportunidades; es momento de pedir tiempo fuera y cambiar tu ritmo. Basta de perder. ***Es tiempo de ganar***.

4

POTENCIADORES

Joch me llevó al departamento de Recursos Humanos. En las paredes del recinto colgaban, con marco de obsidiana, cuatro placas troqueladas: La Misión, la Visión, los Valores y la Cultura de la empresa. Leí los postulados. Tenían una composición gramatical rimbombante, como si hubieran sido redactados por algún comité académico. Contenían la misma palabrería de siempre: "atención al cliente, servicio, excelencia corporativa, cuidado ambiental, coadyuvantes del cambio". Vocablos irrisorios si no se aplican.

Joch me presentó a la gerente de Recursos Humanos. Era una ejecutiva bella, de unos treinta y cinco años, vestida con traje sastre; tenía la mirada dulce pero desconfiada, de las mujeres que han luchado y sufrido mucho.

—Mi nombre es Isabel —me saludó de mano—. Quiero ponerte al tanto de cualquier detalle relevante, antes de que comiences la capacitación. Como sabrás, ésta es una empresa prestigiada. La más prominente de su ramo en la zona. Tenemos una imagen de éxito. Trabajar aquí es un verdadero privilegio.

—Sí, lo sé —aunque yo había percibido un sutilísimo RITMO NOCIVO en el ambiente—, Isabel. Estoy interesado en estudiar los postulados que tienen enmarcados en la pared. ¿Habrá forma de que me des una copia?

—Por supuesto. Podemos imprimirlos. —Frente a nosotros estaba la mesa de un asistente que en apariencia había dejado su silla por un momento para ir al baño. Isabel abrió la laptop desatendida y escribió un código de acceso. De inmediato apareció un video pornográfico que había sido pausado a la mitad. Ella se puso nerviosa. No supo cómo quitarlo. Desconectó los cables, pero las imágenes tres equis continuaron, y ya sin audífonos, los gemidos histriónicos de los actores porno se escucharon en todo el recinto. Joch cerró la ventana de la computadora. Todos los oficinistas cercanos sonreían.

El incidente fue una pequeña muestra de los muchos potenciadores de ese **RITMO NOCIVO** que flotaba en el ambiente.

SE LE LLAMA POTENCIADOR a todo pensamiento o acto que marca una CADENCIA y nos pone en ritmo (como cuando escuchas determinada melodía y tus pies se mueven por sí solos). Los **POTENCIADORES** pueden ser positivos si te llevan a un **RITMO PRODUCTIVO** (**RP+**) y negativos si te llevan a un **RITMO NOCIVO** (**RN-**).

Imagina estos supuestos:

▶ Estás trabajando y avanzando, cuando de pronto recibes el correo electrónico de alguien con quien tuviste un romance hace muchos años; aunque ambos son casados y tienen hijos, esa persona te está invitando a salir. El juego te parece emocionante. Lo aceptas. Tus pensamientos de infidelidad y tus actos no del todo dignos, te cambian la **CADENCIA MENTAL** y te meten a una **RACHA** de distracciones, desaciertos y titubeos. Un **RITMO NOCIVO**...

▶ Otro ejemplo similar; navegando en Internet, te aparece un *pop up* invitándote a ver pornografía; dudas, miras alrededor, piensas "¡cuánto descaro; el mundo está muy mal!, caray, vamos a ver qué tan mal está". Abres la página y te quedas contemplándola largamente. ¿Qué sucede con tu **CADENCIA MENTAL**? ¿Generan **RP+** o **RN-**?

▶ Tu jefe llega de mal humor. Te llama la atención por algo injusto. Recuerdas otras injusticias que él ha cometido; repasas, de una vez, todos los defectos de tu empresa y razonas cuán infeliz eres trabajando ahí. ¿Tus pensamientos se convierten en **POTENCIADORES** de qué? ¿**RP+** o **RN-**?

► Estás fuera de la ciudad. Hablas por teléfono a tu casa y te contesta tu hija de seis años. Te dice cuánto te ama y cuan orgullosa se siente de ti. Conversas con ella sin reprimir la emoción que te causa. Eso te genera nuevos ***BEATS*** para seguir trabajando en ese viaje. ¿Entras a una racha de **RP+** o **RN-**?

Los POTENCIADORES NO son las circunstancias externas (el *e mail* que recibes, el *pop up* porno, el jefe gritón o la llamada de tu hija), sino los **pensamientos y actos con los que respondes** a esas circunstancias. Eres tú, con tus reacciones, quien te metes en **RP+** o **RN-**. TIENES EL CONTROL DE LOS POTENCIADORES PORQUE TÚ LOS MANEJAS.

Para entrar en RP+, hay POTENCIADORES POSITIVOS que *debes* crear. Como ejemplo personal, comienzo desde un día antes. Visualizo mis pendientes, los escribo y anticipo los horarios empezando con la hora en que planeo levantarme. Luego me duermo lo más temprano que puedo. Procuro descansar 8 horas. En cuanto me levanto, hago ejercicio y tengo unos minutos de meditación; me desayuno bien, me baño y conduzco el auto con cierto tipo de música. Al llegar a mi oficina saludo a todos con entusiasmo pero no me entretengo; abordo directa y agresivamente mis quehaceres más difíciles; no los suelto hasta terminarlos. *Ese día todo me sale bien.*

Para lo contrario (RN-), activo POTENCIADORES NEGATIVOS: me desvelo, sin repasar ni saber en lo absoluto lo que voy a hacer al día siguiente. Duermo poco; me levanto tarde, no hago ejercicio, no medito, no me desayuno; oigo en el auto las noticias alarmistas, llego a la oficina y charlo largamente con mis compañeros en los pasillos; pospongo todos los asuntos importantes. *Ese día todo me sale mal.*

5

ÚLTIMAS EMOCIONES RECORDADAS

Confronté a la gerente de Recursos Humanos; le dije que la apariencia externa de la empresa era muy bonita, pero que en realidad había una cultura subterránea negativa.

—La gente parece desconcentrada; sin pasión por su trabajo, algunos hablan por su celular, otros ven páginas inadecuadas.

Isabel asintió sin lograr quitarse el sonrojo.

—Así es desde el accidente.

Levanté ambas manos en señal de impaciencia. ¡Todos hablaban de lo mismo! Las cosas estaban mal; ¿y la culpa era *del accidente*?

—Explícame qué sucedió.

—Algo terrible —respondió Isabel, pero no tenía ánimo para decir mucho; Joch tampoco. Sea lo que hubiera sido, ese accidente estaba en la mente de todos; había minado la confianza y el espíritu de equipo.

Ahí se hallaba el primer **POTENCIADOR NEGATIVO** que debíamos desterrar de la empresa. La **EMOCIÓN** que ese accidente les hacía recordar.

► Si chocaste en el auto y no has vuelto a manejar, tus **ÚLTIMAS EMOCIONES RECORDADAS** serán temor, angustia y confusión.

► Si te caíste de la bicicleta y no has vuelto a pedalear tus **ÚLTIMAS EMOCIONES RECORDADAS** serán de inseguridad y dolor.

► Si tu más reciente relación amorosa se dañó y terminó a causa de errores que pudiste evitar, tus **ÚLTIMAS EMOCIONES RECORDADAS** serán de culpa y temor a volver a enamorarte.

No podemos permitir que un suceso termine mal sin hacer algo para iniciar otro similar que termine bien, porque las **ÚLTIMAS EMOCIONES RECORDADAS** son los **POTENCIADORES** más importantes de nuestro ritmo para el futuro. Así que, vuelve a manejar el auto después de un choque, súbete a la bicicleta después de la caída, construye relaciones después de aquella decepción. ¡Repite eventos parecidos hasta que te convenzas de que puedes tener éxito en esa área, y tu **ÚLTIMA EMOCIÓN RECORDADA** sea sana! Solo así evitarás caer en **RNs(-)** futuros.

Analiza tus últimas EMOCIONES RECORDADAS respecto a actividades como decir unas palabras en público, realizar una venta, presentar un reporte a tus jefes, discutir con un cliente difícil, hacer una prueba, competir en un certamen, ejecutar un trabajo o tratar con una persona desagradable... Si tus **ÚLTIMAS EMOCIONES RECORDADAS** son negativas, tienes un problema porque siempre que abordes esa actividad en el futuro entrarás con **RITMO NOCIVO** y te irá mal. Así que modifica tus procesos emocionales hasta que obren a tu favor.

Considera que las emociones son intercambiables. Si te fue bien en un área, eso te da **CADENCIA MENTAL** positiva para otra. La clave está en comenzar a generar el **RITMO** que te ponga en **BUENA RACHA** e ir hacia adelante en uno y otro tema sin titubear. Tus emociones te dan ***BEATS* DE RITMO**; asegúrate de que la mayor parte del tiempo sean buenas.

6

TIMING ATRASADO (⇟), ADELANTADO (⇞) O EXACTO (⤠)

Las emociones nos mueven. Dependiendo de cómo nos sentimos, nuestros actos pueden ser **ADELANTADOS (⇞)**, **ATRASADOS (⇟)** o **EXACTOS (⤠)**.

¿Has jugado un deporte de raqueta? Cuando la pelota viene hacia ti, debes pegarle en el momento preciso (**TIMING EXACTO**⤠). Hacerlo ligeramente antes de lo debido (**TIMING ADELANTADO** ⇞ a causa de tu irritación o ansiedad), ocasionará que la trayectoria de devolución sea desviada. También puede sucederte al revés. Pegarle a la bola un poco tarde (**TIMING ATRASADO** ⇟ a causa de tu agotamiento o porque te cueste trabajo llegar), la trayectoria también será incorrecta.

> Ayer estaba escribiendo este libro. Tenía una cita de trabajo al otro lado de la ciudad a la una de la tarde. Puse una alarma que sonó a las doce. Tiempo suficiente para arreglarme y trasladarme. Dejé el capítulo a la mitad y

me levanté de mala gana. Odio ser interrumpido cuando escribo. Incluso por mí mismo. En la ciudad donde vivo hay una autopista conectada a un puente que cambia de sentido para dar servicio durante las horas pico. El puente está abierto de norte a sur toda la mañana, hasta las doce treinta; luego permanece cerrado dos horas y vuelve a abrirse en sentido opuesto por el resto de la tarde. Me bañé y me vestí despacio. Luego subí al auto para ir a la cita y manejé distraído. Iba con **TIMING ATRASADO** ‡, porque me quedé en el pasado, rumiando frases y conceptos del libro. Cuando llegué al puente lo acababan de cerrar. ¡Eran las doce treinta y uno! Un minuto de retraso me costó cuarenta y cinco minutos más, pues tuve que transitar por callecitas llenas de semáforos. Como llegué tarde, las personas de mi cita estaban molestas. **Hoy en día, esperar a un impuntual ofende**, así que perdí capacidad de negociación. Siempre sucede. **Quien llega tarde a una cita se siente obligado a compensar su demora siendo más flexible y cediendo a favor del ofendido.** De regreso a mi casa, la sangre me hervía de irritación. Iba con **TIMING ADELANTADO** ‡, quería recuperar el tiempo y pisé el acelerador. Llegué al puente a las dos veintinueve; un minuto temprano, *antes* de que abrieran la compuerta. Los policías mal encarados me obligaron a circular hacia las callecitas llenas de semáforos. Así me metí en el tráfico y perdí otros cuarenta y cinco minutos. En ambos casos hice lo que no se debe. Primero por **DISMINUIDO** ‡, después por **SOBRADO** ‡. Un minuto tarde y uno temprano. Es el estigma de todo aquel que ve pasar las oportunidades frente a él y les dice adiós.

Debemos hacer las cosas cuando se tienen que hacer. No antes ni después. Imprimir la cantidad precisa de energía que necesita cada situación. No más ni menos. Decir lo que se tiene que decir. No poco ni mucho. Si un artista o inventor se adelanta a su tiempo, nadie lo entenderá (dirán que es un chiflado), pero si se atrasa, todos lo ignorarán (dirán que es un simplón). Lo mismo te sucede en los detalles diarios; si te retrasas serás impuntual; si te adelantas serás imprudente.

Me encontraba charlando con Joch e Isabel, cuando escuchamos los gritos de un individuo que regañaba a otro. Volteamos a ver. El agresor era muy corpulento. La obesidad le había invadido la espalda haciéndolo parecer jorobado.

—Es el GJ-TS —susurro Joch—. Mi jefe directo. Imagínate.

—¿Él te autorizó contratarme?

—Para nada. Siempre se opuso a que tú vinieras. Quien me dio el visto bueno es el director general.

El GJ-TS continuó insultando al pobre lacayo que lo seguía.

—¿También es tu jefe? —le pregunté a Isabel.

—No. Tenemos el mismo rango. Somos gerentes intermedios.

—Por lo que veo, está **SOBRADO** de ira. Le gusta que le teman.

—Le encanta regañar al pobre de Camilo. Es su secretario particular. Camilo es una víctima **DISMINUIDA** a nada. Hacen una pareja muy representativa de lo que vas a encontrar aquí; dos tipos de personas: las que se la pasan gritando, haciendo aspavientos y las que prefieren encerrarse en su espacio sin llamar la atención. Ambas podrían ser más productivas si lograran un punto medio.

Me asombró su resumen. Era muy acertado.

Hay personas que pueden causarte emociones negativas. TE DISMINUYEN EMOCIONALMENTE y eso **ATRASA TU TIMING** ‡ al hacerte sentir inseguridad, al subrayar tus errores, al culparte de todo lo que sale mal, al insistir en recordarte que no eres competente.

Otras personas, pueden **ADELANTAR TU TIMING** ⇞ haciendo que **TE SOBRES EMOCIONALMENTE:** Te infunden coraje, deseos de venganza, celos, envidia, sensación de injusticia.

Aprende a poner escudos para proteger tus emociones y mantener un **TIMING EXACTO**↦ en tu trabajo, tus ideas, tu cuerpo, tu familia y tu espíritu. No permitas que la gente te manipule. Si tiendes a **DISMINUIRTE** ⇟, ***actívate***. Si tiendes a **SOBRARTE** ⇞, ***relájate***. Mueve tu **TIMING** de manera consciente para que seas más eficaz en todo lo que hagas.

7

LA META MÁXIMA: VIVIR EN TIMING

Llegamos a la oficina del GJ-TS. Camilo nos dijo que el *gran jefe* no podía atendernos. Isabel se rio del secretario y pasó de largo. Empujó la puerta de cristal esmerilado y saludó. Joch y yo entramos detrás de ella.

—Venimos a presentarte a nuestro conferenciante del MÉTODO TIMING. Su curso empieza mañana.

El GJ-TS parecía un muñeco deforme con la cabeza hundida en los hombros (sin un milímetro de cuello) y la joroba de grasa sobresaliéndole por la espalda.

—Así que tú eres el escritor de novelas de amor para jovencitas. ¿Y qué sabes de productividad?

Joch salió en mi defensa. Se aprestó a recitar parte de mis credenciales que (me asombró) se sabía de memoria.

—Lo siento —dijo el *gran jefe*—, mi pregunta no era con ánimo de ofender, tengo curiosidad real; tomen asiento por favor.

—Prefiero estar de pie —respondí cortésmente.

—Como quieras. ¿Estás enterado del caos que hemos tenido a partir del accidente?

—No te preocupes —le devolví el tuteo—. Joch e Isabel me pondrán al tanto. Pero te equivocas al creer que el caos proviene de ese accidente tan mencionado. Aquí lo interesante será dejar al descubierto la verdadera causa de los problemas. Siempre es la misma.

—¿De verdad? —sonrió como burlándose—. ¿Y cuál es, si se puede saber?

—Las personas están FUERA DE TIMING, actúan DISMINUIDAS O SOBRADAS. Con RITMO NOCIVO. Completamente alejadas de un ESTADO DE FLUJO. Es cierto que soy escritor, pero quiero compartirte a ti y a tu equipo conceptos que pueden ayudarlos a tener éxito tanto escribiendo novelas, como pintando cuadros, armando autos, sanando pacientes, maquilando ropa, o dando mantenimiento industrial. Lo importante no es lo que se hace sino la gestión de calidad implícita. De eso voy a hablarles.

El GJ-TS carraspeó. Se puso de pie; calculé que pesaría cincuenta kilos más que yo. Se despidió augurándome éxito. De inmediato noté que no tenía intenciones de asistir a la capacitación.

La palabra TIMING se traduce como SINCRONÍA. En nuestro método, "**TIMING**" es sinónimo de **RITMO PRODUCTIVO**, esto implica: **APROVECHAMIENTO MÁXIMO DEL TIEMPO**, activar **POTENCIADORES POSITIVOS**, lograr **CADENCIA MENTAL** de progreso, tener **MOVIMIENTOS EXACTOS** ↠, y lograr **LOS MEJORES RESULTADOS**.

Según la psicología, estar en TIMING ↦ o RP+ es ***estar en ESTADO DE FLUJO***. Csikszentmihalyi (a quien yo llamo el impronunciable), dice en su obra *Flow: The Psychology of Optimal Experience,* que el **ESTADO DE FLUJO** es el punto exacto donde nos sentimos con las habilidades suficientes para lograr grandes retos: ▶ Si el reto es excesivamente difícil para nuestras habilidades percibidas, bajaremos la guardia, sentiremos angustia y desesperación (**TIMING ATRASADO, EMOCIONES DISMINUIDAS** ⇟). Mucha gente vive así, escondida, preocupada, llena de temores. ▶ Si por el contrario, el reto es muy fácil para nuestras habilidades percibidas, actuaremos con cierta arrogancia y enfado con los demás a quienes juzgaremos de torpes (**TIMING ADELANTADO, EMOCIONES SOBRADAS** ⇞); otros viven así, sobreactuando, fanfarroneando, agrediendo a todos. *Solo en* **ESTADO** ***DE FLUJO*** *nuestra vida será interesante, divertida y fructífera*. Para lograrlo debemos plantearnos cada día **retos elevados, pero alcanzables,** ¡e ir tras ellos con pasión!

REPASA ESTAS DEFINICIONES FUNDAMENTALES:

RITMO PRODUCTIVO (RP+): Racha de actividades con *niveles de máxima eficiencia* que una persona realiza como consecuencia de la energía que le brindan sus buenos resultados continuos.

RITMO NOCIVO (RN-): Racha de actividades ineficaces a causa del menoscabo interior que una persona siente al saber que sus resultados han sido escasos o destructivos.

MÉTODO TIMING: (Del griego "methodos" equivale a vía o camino). Medio esquemático para lograr los mayores periodos posibles de **RITMO PRODUCTIVO**.

ACTUAR DISMINUIDOS: (lo que ocasiona **TIMING ATRASADO ⇟**). ***A causa del estrés o la baja autoestima***, moverse despacio, atemorizados, sin atreverse a tomar decisiones, titubeantes, distraídos, inconscientes del reloj, contemplando el pasado; dudando.

ACTUAR SOBRADOS: (lo que ocasiona **TIMING ADELANTADO ⇞**). ***A causa del estrés o la soberbia***, moverse exasperados, enojones, gritones, histriónicos, neuróticos, hablando mucho y rápido, usando palabras altisonantes, con movimientos impulsivos e imprecisos.

ACTUAR EN TIMING ⤅: ***Sin estrés.*** Moverse alertas, atentos al reloj, avanzando, concentrados en las metas, viendo al futuro, hablando claro, infundiendo confianza, generando resultados contundentes en el tiempo preciso.

8

INICIO DE UNA NUEVA ETAPA

El estrés excesivo es enemigo del TIMING ⤅. Los niveles bajos y controlados de estrés te ponen en estado de alerta, pero los niveles altos de estrés te sacan de **TIMING** *siempre*; te llevan a **DISMINUIRTE ⇟** o a **SOBRARTE ⇞**.

Además, contagias tu TIMING a la gente cercana. Observa a tu equipo, a tu familia, a los clientes o proveedores que tratan contigo. ¿Hay algo en ellos que te disgusta? Antes de criticarlos ¿por qué no te autoanalizas? Tal vez fuiste tú quien les contagió el **RITMO NOCIVO** (-).

Pero ahora estás haciendo lo correcto. Sigue leyendo. Si aplicas los pasos del método, tus niveles de estrés disminuirán y podrás vivir más tiempo con **RITMO PRODUCTIVO (RP+).** Eso beneficiará también a quienes te rodean. Mucha gente ocupada como tú, solo lee el primer capítulo de los libros, abandonándolos después por los pasillos. No hagas eso esta vez. Ya iniciaste el estudio. Termínalo. Para lograr grandes metas necesitas concentración y disciplina. *Que nada te distraiga.*

> Aunque amo la tecnología, yo no sé pensar tecleando un aparatito que tiene toda mi música, fotos, videos, sitios favoritos de internet, redes sociales, audiolibros, libros y juegos. En un teléfono "inteligente" me vuelvo "bruto". Acabo navegando sin rumbo, contestando e mails o poniéndole bigotes a las fotos de mi esposa. Por eso debo hacer un ejercicio consciente para concentrarme. Si deseo leer un libro, necesito poner el teléfono en la vitrina más lejana del recinto.

ENFÓCATE en tu día a día. Sin apagar el radar, con todos los sentidos alertas para captar peligros y oportunidades alrededor, **concéntrate en el *BEAT* RÍTMICO adecuado**. (Incluso esa pareja que camina por el bosque tomada de la mano, se enfoca en los sonidos y las vibraciones del ambiente). Percibe todo lo que te rodea, pero discrimina rápido y no te distraigas con las moscas que vuelan. ¡Son moscas! Hoy en día hay muchas; échales insecticida, sácalas del cuarto y olvídate de ellas. Si vuelven a entrar, ignóralas. Enfócate en actuar. Ocupa bien tu tiempo. Deja de lloriquear por los problemas, y *decide rápido*. No grites, no digas groserías, ni te muestres arrogante. Relájate. Deja de temer y titubear. Recuerda que las buenas intenciones no sirven para nada. Hay que respaldarlas con acciones en **T↦**.

Joch quería salir de la cueva; ayudarse a sí mismo y ayudar a su empresa, pero sus buenas intenciones eran infructuosas. Le faltaba enfoque.

Antes de iniciar la primera conferencia, me pidió disculpas por anticipado; dijo que como el curso no era obligatorio, habían llegado pocos oyentes. Unos treinta nada más. Los otros ciento cincuenta empleados se habían ido temprano.

—Pero no te preocupes —acotó—. Aquí estamos los más afectados por el accidente. ¡Háblanos fuerte! ¡Ojalá que Isabel te escuche! ¡Yo organicé todo especialmente para ella!

—¿Para Isabel? ¿Por qué?

—He leído casi todos tus libros. Ella no. Quizá al escucharte comprenda muchas cosas.

—¿De qué hablas? ¿A ella también le perjudicó el accidente?

—Sí. ¡No te imaginas cuánto! Por eso me dejó.

—¿Te dejó? ¿A qué te refieres?

—Isabel es mi esposa.

EJERCICIOS DEL MÉTODO.

Estamos iniciando una nueva etapa.

Abre una carpeta en la computadora y nómbrala MÉTODO TIMING. Ahí realizarás ocho documentos de trabajo (uno por cada paso) que se convertirán en tu GUÍA DE ALTO RENDIMIENTO PERSONAL. Hazlos con esmero, lo mejor que te sea posible. Demuestra tu capacidad. Esos documentos podrán convertirse en una creación de tu autoría sobre el tema.

Si estudias este libro con otras personas de tu equipo, pónganse de acuerdo en las fechas y horarios para reunirse. Al menos programen una sesión grupal a la semana durante 8 semanas. En esa sesión, el facilitador o conferencista explicará el tema de la semana y generará un tiempo para que todos los presentes compartan sus trabajos, discutan las respuestas del estudio y establezcan metas concretas.

El MÉTODO TIMING puede aplicarse en empresas de servicio, comerciales e industriales; también en comunidades escolares, grupos juveniles, asociaciones de ayuda social, congregaciones de crecimiento o simplemente en la temática personal y familiar. Por tal motivo, hemos diseñado MATERIALES DE AUTOEVALUACIÓN Y ESTUDIO diferentes para cada caso.

DESCARGA GRATUITAMENTE LOS MATERIALES COMPLEMENTARIOS QUE NECESITES EN WWW.METODOTIMING.COM

TERMINOLOGÍA.

Con base en lo estudiado y en tus propias reflexiones, escribe las definiciones de las siguientes palabras. Haz este ejercicio con honestidad; al final del curso compara tus respuestas con el GLOSARIO OFICIAL COMPLETO que puedes descargar en WWW.METODOTIMING.COM. MUY IMPORTANTE: A partir de esta semana incorpora a tus pensamientos los términos del método. Usa las palabras del vocabulario todos los días. Solo eso te ayudará a practicarlo.

(1) *Alto rendimiento.*
(2) *Productividad medible.*
(3) *Individuo improductivo.*
(4) *Des-frutar.*
(5) *Persona disfrutable.*
(6) *Cadencia mental.*
(7) *Ritmo productivo (RP+).*
(8) *Ritmo nocivo (RN-).*
(9) Beat *de ritmo.*
(10) *Potenciadores.*
(11) *Últimas emociones recordadas.*
(12) *Timing atrasado ⇟.*
(13) *Timing adelantado ⇞.*
(14) *Timing exacto ⤠.*
(15) *Estar emocionalmente disminuido.*
(16) *Estar emocionalmente sobrado.*

2ª SEMANA

GESTIÓN DE CALIDAD

Estás en **RITMO PRODUCTIVO** ⇨ ahora es necesario que gestiones tus **ACTOS, FORMAS Y CREENCIAS CON CALIDAD.**

9

GOL

Imagina que a los mejores futbolistas del mundo se les invita a jugar en una cancha redonda SIN porterías; no podrían hacerlo, porque tanto en el futbol como en la vida, necesitamos saber hacia dónde apuntar. Algo similar nos sucede cuando nos levantamos en la mañana e iniciamos una rutina de trabajo sin conocer nuestras metas productivas del día. PERDEMOS tiempo, dinero, oportunidades, clientes (ya nos estamos acostumbrando). Miles de personas PIERDEN a diario porque van a trabajar y *no pueden, no saben* o *no quieren* **METER GOLES**.

En mi labor, los goles son distintos a los tuyos. Tienen otro nombre, otro contexto, pero, igual, mantienen el común denominador de todos los **GOLES.** LOS GOLES SON METAS PRODUCTIVAS DE CALIDAD QUE BRINDAN SATISFACCIÓN Y PLACER, TANTO A NOSOTROS COMO *A LA GENTE*. ¿Cómo describirías LOS GOLES en tu trabajo?

► ¿Has visto un restaurante a reventar? Las personas están ahí, haciendo fila, por **la calidad:** (1) Buen trato. (2) Limpieza. (3) Rapidez. (4) Buenos Precios. (5) Buen sabor. (6) Buena presentación.

► ¿Has ido a un hotel que tiene ocupación llena? Los clientes van ahí por **la calidad:** (1) Buena ubicación. (2) Instalaciones excepcionales. (3) Atención agradable. (4) Pulcritud. (5) Comodidad. (6) Precio justo.

► ¿Qué factores determinan la calidad de una escuela, un hospital, una armadora de autos, una empresa que construye puentes, tu propia labor diaria?

La calidad causa placer y satisfacción. Está ligada a los buenos sentimientos que podemos generar, y los buenos sentimientos ***lo son todo*** en mercadotecnia. Por eso cuando vemos una buena película, nos sorprendemos SONRIENDO aunque se trate de un filme dramático o de suspenso. Pensamos "qué bien está hecho esto". Casi sin darnos cuenta ***sonreímos*** ante la calidad y ***nos ponemos de mal humor*** ante la mediocridad; incluso ***nos enfurecemos*** si tenemos que pagar por ella; nos ***sentimos*** robados. Todo es emocional. Sin buenas emociones la vida pierde sentido.

Tú vendes tu trabajo a diario. Si eres incapaz de generar calidad en él, te morirás; serás abortado de los negocios porque el mercado es como el mar: tarde o temprano arroja a la playa toda la basura.

Para elevar nuestros niveles de calidad, necesitamos tomar control consciente de todos nuestros actos, formas y razonamientos. A esto se le llama **AUTOGESTIÓN**. La calidad de una empresa, familia o sociedad, comienza con la **AUTOGESTIÓN** de los individuos que la conforman.

Querido lector. La información que leerás a continuación es muy valiosa. Podrás aplicarla *en todos los aspectos de tu vida*. Con ella tendrás un panorama completo de tus retos como ser humano y comprenderás por qué algunas personas progresan más que otras. Son los tres **ELEMENTOS DE LA AUTOGESTIÓN.** Todo ***lo que somos*** se fundamenta en ellos:

1. **GESTIÓN DE ACTOS.**

2. **GESTIÓN DE FORMAS.**

3. **GESTIÓN DE CREENCIAS.**

10

GESTIÓN DE ACTOS

¿QUÉ HACES? Ésta es la pregunta para definir tus actos.

Algunas respuestas:

¿Qué haces?	Escribo un libro.
¿Qué haces?	Estudio una carrera.
¿Qué haces?	Doy un discurso.
¿Qué haces?	Resuelvo un examen.
¿Qué haces?	Charlo con mi jefe.
¿Qué haces?	Redacto documentos.
¿Qué haces?	Voy a una cena.
¿Qué haces?	Visito a un amigo.
¿Qué haces?	Conduzco el automóvil
¿Qué haces?	Navego en Internet.
¿Qué haces?	Hago el amor.
¿Qué haces?	Vendo un producto.
¿Qué haces?	Atiendo a un cliente.

Tus actos te definen ante la sociedad. Aparecen en tu *currículum vitae;* te llenas de orgullo al exhibirlos (¡vean lo que hice!). Aparecen resumidos en tu tarjeta de presentación (¡vea lo que hago!), aparecen en tus metas personales (¡vean lo que haré!).

Revisa la lista de todo lo que haces. Es impresionante. Sí. Pero no te jactes tanto. Demasiada gente hace lo mismo que tú. ¿Cuál es tu mérito si miles de personas escriben libros, terminan carreras, atienden clientes, venden productos, dan discursos, hacen el amor? ¿Piensas que tú haces *muchas* cosas?, ¿y eso, qué? Casi toda la gente también está saturada de actividades. Reconócelo. Lo que ocasiona que tus actos sean especiales es "el cómo" los realizas, pero antes de analizar el tema de *las formas*, asegúrate de que tus actos cumplan con **el único requisito indispensable**: que **SEAN ÉTICOS**. Así de simple. ¡Haz lo que quieras, ***siempre que sea ético***!

Quizá ni siquiera sepas definir lo que es un acto ético. Voy a darte una fórmula sencilla. Es una medida. Enseña a tus colaboradores a usarla:

ACTO ÉTICO = LEGAL + MERITORIO + NO DAÑA A OTROS

El acto es ético, si cumple con los tres requisitos a la vez:

1. **ES LEGAL.** Nadie podría demandarte por haber infringido una ley establecida.

2. **ES MERITORIO.** Te enorgullece. Si lo que hiciste se publicara en todos los periódicos y noticias, no te avergonzarías de ver tu nombre y fotografía ahí.

3. **NO DAÑA A OTROS.** Todas las personas implicadas en tu acto están en paz contigo, porque tu acción *no las perjudica*.

Ahora observa esta lista.

¿Qué haces?	Copio en el examen.
¿Qué haces?	Insulto a mi jefe.
¿Qué haces?	Falsifico una firma.
¿Qué haces?	Voy a un burdel.
¿Qué haces?	Tengo una aventura sexual.
¿Qué haces?	Engaño a un cliente.
¿Qué haces?	Me peleo con otro automovilista.
¿Qué haces?	Veo pornografía en Internet.
¿Qué haces?	Descargo un libro pirata.

En esta enumeración los actos no son éticos, porque algunos resultan **ilegales**, otros no son meritorios y otros **perjudican** a alguien más.

De ahora en adelante, siempre que mencionemos **ACTOS DE CALIDAD**, recuerda la ecuación:

ACTOS DE CALIDAD = ÉTICOS
(LEGALES + MERITORIOS + NO DAÑAN A OTROS)

El accidente en la empresa de Joch ocurrió, en primera instancia, porque aceptaron realizar un ACTO NO ÉTICO.

Se dedicaban al mantenimiento industrial; hacían de todo: desde enviar cuadrillas de limpieza, pintura, plomería, electricidad, hasta arreglar maquinaria, construir edificios o vías de acceso a sitios de exploración. La mitad de sus empleados hacían labores administrativas y la otra mitad eran trabajadores de campo. Alguien los había contratado para que construyeran un puente en la sierra Michoacana. Aunque el cliente les mostró sus permisos para cortar oyameles en una zona restringida, seguramente eran falsos (primera falta ética: el acto no era legal). El cliente quería ese puente para que sus taladores transportaran la madera hacia aserraderos también clandestinos. Joch se dio cuenta que estaría contribuyendo a la afectación del ecosistema; incluso tal vez, la migración de Mariposas Monarca (segunda falta ética: el acto no era meritorio). Supo que su cliente transportaba los troncos en camiones con gente armada y había disparado a pobladores cercanos que protestaron (tercera falta ética: dañaba a otros). Eso sí, ese cliente, como ningún otro, estaba dispuesto a pagar mucho dinero por el servicio.

Los ACTOS SIN ÉTICA suelen tener detrás un fuerte motivador económico.

11

GESTIÓN DE FORMAS

Imagina que un hombre está trabajando en la computadora cuando se le acerca su hijo de diez años y le pregunta: "¿Qué haces papá?" El hombre contesta: "Reservo los vuelos para mi próximo viaje". El niño cuestiona: "¿Me enseñas?" Y el padre accede, pero lo hace torciendo la boca con fastidio, tomando el mouse y explicando con impaciencia. Si el chico hace preguntas, el padre le grita o hasta lo insulta.

¿Pudiste ver el cuadro?

No basta con que nuestros actos sean éticos (enseñarle a un niño, lo es). La ética se da por sentada. Lo que convierte nuestros actos en sobresalientes son las ***formas***. En las relaciones humanas nuestras ***formas*** de escuchar y de explicar, determinan qué nivel de confianza inspiramos en otros. Pedantería, sarcasmo o falta de paciencia, provocan miedo, pero no respeto.

Las formas de calidad deben tener cuatro requisitos. Jamás lo olvides:

1. **Si de todos modos vas a hacer algo, HAZLO BIEN.** Haz bien la tarea, haz bien la entrevista, haz bien la venta, haz bien la limpieza, haz bien el amor (asegúrate de que tu pareja "vea estrellas" gracias a que lo haces bien). A todos tus actos dales **LA FORMA** de ***bien hechos***.
2. **Si de todos modos vas a hacer algo, HAZLO RÁPIDO.** Mantén un respeto casi religioso por tu tiempo y el de otros. Si puedes realizar una junta en una hora, jamás

uses dos. Si puedes atender a un cliente en diez minutos, no le quites veinte.

3. **Si de todos modos vas a hacer algo, HAZLO CON ENFOQUE.** Aunque tengas mucho trabajo, si vas a entrevistar a un cliente o a un proveedor concéntrate en él los diez minutos que estés atendiéndolo; míralo a los ojos, resuélvele su problema. No contestes las llamadas de tu celular en ese momento, no revises e mails, no veas el reloj. Dale el cien por ciento de tu enfoque a la persona que está frente a ti.

4. **Si de todos modos vas a hacer algo, HAZLO CON CORTESÍA.** Ya estás frente a esa persona. La debes atender. Entonces sonríe. Sé amable. Tú sabes lo molesto que es tratar con vendedores descorteses, vigilantes autoritarios, compañeros de trabajo malhumorados y gente ofensiva. No seas uno de ellos. La cordialidad puede hacer diferencias abismales.

Escuché a un paciente anciano que operaron de la próstata cuando fue dado de alta en el hospital, al despedirse de su médico cirujano. Le dijo: "Voy a serle sincero doctor, usted es el mejor médico, ¡un excelente especialista clínico! Pero como persona, ¡usted es una porquería!, siempre grosero, pedante y prepotente".

Quienes oímos el comentario nos quedamos fríos. A veces los ancianos se vuelven muy francos porque ya no tienen tiempo de andarse con rodeos. Pero aquel hombre tenía razón. Las formas importan.

De ahora en adelante, siempre que mencionemos **FORMAS DE CALIDAD,** recuerda esta ecuación.

FORMAS DE CALIDAD =
= BIEN HECHAS + ENFOCADAS + RÁPIDAS + CORTESES

Las FORMAS de Joch y su equipo, tampoco fueron de calidad.

Viajaron por tierra, llevando enormes camiones con vigas. Fue una odisea llegar al lugar. Entonces se percataron de que el material estaba incompleto; faltaban tensores de seguridad y enseres de soldadura. O la secretaria escribió mal la orden de componentes, o el encargado del almacén no supo contar, o el jefe de transportes olvidó subir los chirimbolos al camión.

Estaba lloviendo y el cauce del río amenazaba con crecer. Joch decidió poner manos a la obra con los elementos que tenía. No era la primera vez que saldría del paso con calidad mediocre, pero ignoraba que al menos para él y para otros dos compañeros, sería la última.

Me relató:

«Junté a mi gente y di indicaciones sobre un pizarrón improvisado. Mientras explicaba el procedimiento; varios estaban distraídos, como siempre (no eran enfocados). No les gustaba recibir instrucciones. Cavamos enormes boquetes de cimentación y colocamos las columnas primarias. Después, con la perezosa ayuda de los operadores de grúas, logramos montar los largueros principales (la gente no era rápida) y las vigas asentaron de forma inestable. Era ahí donde necesitábamos el material faltante. Lo correcto hubiera sido soldar soportes y tirantes para asegurar la inmovilidad de los largueros, pero ordené improvisar unas ménsulas con las placas de metal que debían meterse como cuñas (éramos "mal hechos"). Alguien necesitaba ponerse debajo de la viga metálica para insertar los puntales y soldarlos, mientras el resto del equipo ladeaba la viga. Había peligro evidente. Pedí un voluntario. Solo levantó la mano un jovencito de dieciocho años llamado Alex. Aprendiz. No se lo permití. Alex iba conmigo y estaba bajo mi cargo. Jamás arriesgaría a Alex. Yo haría el trabajo. Tomé las terminales de la planta de soldar en una mano, me puse debajo del brazo las placas de metal y descendí por el terraplén de tierra hasta llegar a la orilla del río. Mis botas se hundieron en el lodo. "¡Espere jefe —me dijo Serrano—, usted no va a poder solo!". Me alcanzó. Antes de colocarnos en la posición comprometedora le pedí a mi equipo que hiciéramos una prueba moviendo la viga. Escuché sus protestas. "¿Cargar dos veces? ¿Para qué? No va a pasar nada". (Nuestra gente era desconsiderada). Entonces, Serrano y yo nos metimos debajo del larguero y di la orden de que lo ladearan. Tuvimos que dar unos pasos hacia atrás. El agua del río había crecido. En la orilla nos llegaba a la cintura. Serrano introdujo la punta de la placa en forma de cuña. Yo sostenía la herramienta. Estábamos logrando insertarla en su lugar cuando sentimos que el metal se deslizaba más de la cuenta. Nos miramos aterrorizados. Se escuchó un grito de alarma. "¡Corran, salgan de ahí, esto se va a caer!". No logramos escapar. La estructura primaria se derrumbó, golpeó a Serrano en el cuello arrojándolo al lodo de la ribera. Yo me fui al fondo del río arrastrado por las vigas».

12

GESTIÓN DE CREENCIAS

Joch y sus compañeros CREÍAN que su empresa ya no era buena como lo fue hace años, que los sueldos habían dejado de ser atractivos y las prestaciones se habían vuelto precarias. Me dijo:

«La calidad de nuestro trabajo iba en detrimento; aunque en términos futbolísticos fuimos un equipo goleador, ahora habíamos caído en una racha perdedora. Solíamos terminar los trabajos mediocremente y dar una apariencia de impecabilidad para que nos pagaran; aunque estábamos conscientes de que meses después aparecerían fallas que requerirían reparaciones. Teníamos una convicción secreta de baja calidad».

Repasemos: Para conocer tu **GESTIÓN DE ACTOS** pregunta ¿***qué hago***? Para conocer tu **GESTIÓN DE FORMAS** pregunta ¿***cómo*** lo hago? ahora, para conocer tu **GESTIÓN DE CREENCIAS** pregunta ¿***por qué o para qué*** lo hago? Las creencias son nuestras intenciones y pensamientos no expresados.

> Imagina que el hombre del ejemplo que está reservando vuelos en Internet toma un curso de padres donde le enseñan las **FORMAS** adecuadas para tratar a su hijo, y cuando el niño se acerca a él, lo trata conforme al "protocolo del buen papá", pero en lo más profundo de su mente **CREE** que ese niño es un tonto, fastidioso que le quita el tiempo... ¡*Su hijo lo percibirá y se sentirá agredido de todas maneras*!

Aunque usemos buenas formas, si nuestras **CREENCIAS SECRETAS** son ***negativas, destructivas o egoístas***, emitiremos un mal aroma espiritual; la gente percibirá que algo no anda bien en nosotros... Podremos incluso esforzarnos en urbanidad, pero la **MENTE SUBCONSCIENTE** siempre nos traicionará y hará aflorar con gestos, titubeos y expresiones corporales lo que realmente creemos.

Por eso, si vendes productos, primero conócelos, *convéncete* de su efectividad, úsalos, ámalos. Si interactúas con una persona que te desagrada, modifica tus **CREENCIAS** hacia ella: Ve sus virtudes, ponte de su lado, comprende sus razones, cree en sus buenos sentimientos, aprende a quererla, solo entonces ***tus formas serán coherentes***. Eso se llama **INTEGRIDAD**.

Otro ejemplo: Un joven se acerca a una chica que acaba de conocer (**¿qué hace?** *La aborda*). Procura usar formas caballerosas y estudiadas (**¿cómo lo hace?** *Como lo dice el manual del seductor*). En el fondo de su mente tiene la creencia de que puede manipularla y acostarse con ella (**¿por qué o para qué lo hace?** *Para usarla como presa sexual*). La chica acepta los hechos y las formas, pero detecta que algo anda mal. Hay un **RN-** en el ambiente. A esto se le llama **DESCONFIANZA POR INCONSISTENCIA.** Entonces le da la espalda al muchacho y se aleja.

Siempre sucede. Muchas personas (sobre todo las mujeres) tienen un radar que detecta la *diplomacia hipócrita*. Si el chico corrige sus intenciones ocultas y dice «me acerco a esa joven para charlar con ella, darme la oportunidad de conocerla y darle a ella la oportunidad de conocerme», entonces las cosas cambiarán por completo. Ella aceptará los actos, evaluará las formas y, al no sentir **DESCONFIANZA POR INCONSISTENCIA,** se abrirá a la posibilidad de algo más.

LO QUE CREES, ES. El origen de tus logros o fracasos está en tus **CREENCIAS Y CONVICCIONES**. ¡Así que conquista a tu **MENTE SUBCONSCIENTE**! Hazle saber que pase lo que pase y ante cualquier circunstancia, tus creencias no cambian. Eres un ser humano que ve lo bueno en todo, generas progreso, y le gusta servir a otros.

1. **VES LO BUENO EN TODO**: Sabes que en cada circunstancia (aún las adversas) hay algo positivo, que cada persona tiene sus bondades y razones, que en todo acontecimiento existe un significado de bien.
2. **GENERAS PROGRESO**: Cada día haces cosas para mejorar, prosperar y **construir** tu entorno (nunca destruir).

3. **TE GUSTA SERVIR A OTROS**: Sabes que el servicio te engrandece. Disfrutas ayudando y favoreciendo a los demás; quieres darles un ***valor agregado***.

De ahora en adelante, cuando mencionemos **CREENCIAS DE CALIDAD** recuerda esta ecuación:

CREENCIAS DE CALIDAD = **POSITIVAS + CREAN PROGRESO + DAN SERVICIO EXCEPCIONAL**

13

CALIDAD PARA LOS 4 GRUPOS

Mi primera conferencia en la empresa de Joch fue un fracaso. El evento empezó tarde, el equipo de sonido funcionó mal, el sitio era un pasillo sucio, gélido, totalmente inadecuado para una charla de capacitación; los pocos oyentes se mostraron desatentos, con TIMING ATRASADÍSIMO ‡. Desesperado por no poder conectarme con ellos, les hablé muy rápido, tan vehemente que acabé en un TIMING ADELANTADÍSIMO ‡. Jamás encontré el RP+.

Salí del lugar enfadado. Según el contrato de servicios, ellos debían pagar mi hotel y alimentación. No lo habían hecho. Tampoco los honorarios. Pero lo que más me molestaba era que ninguno de los gerentes había valorado la importancia del curso. Brillaron por su ausencia. Aunque pensé en ir al aeropuerto sin despedirme, respiré hondo y decidí volver. No podía retirarme de ahí con esa ÚLTIMA EMOCIÓN RECORDADA. Sería un POTENCIADOR NEGATIVO para el resto de mi semana. Pasé junto al comedor de las oficinas y reconocí a un hombre que estaba solo en su mesa. Era de los pocos que había escuchado mi exposición con interés. Le pregunté si podíamos charlar. Aceptó gustoso. Se llamaba Tomás. Jefe de almacén. Me serví un café y tomé asiento frente a él. Le conté sutilmente algunas de mis molestias y le pregunté qué rayos pasaba en esa empresa. Me contestó de inmediato:

—No lo tomes de forma personal. Nadie tiene algo contra ti. Simplemente debes entender que eres un proveedor y, por definición, *el cliente no trata bien al proveedor.*

—Qué interesante —ironicé—, ¿de qué diccionario sacan sus definiciones? A ver, Tomás. ¿Aquí cuáles son las *creencias generalizadas* respecto a los dueños o accionistas? ¿Cómo deben ser tratados?

—Los dueños son unos explotadores, avaros, negreros; merecen pudrirse en el infierno.

—¡Uf! Eso estuvo fuerte. ¿Y respecto a los compañeros de trabajo? ¿Qué piensan de ustedes entre ustedes?

—Pues que debemos cuidarnos las espaldas. Cuando menos lo esperes hablarán mal de ti o te meterán una zancadilla.

—Lo suponía. ¿Y qué me dices de los clientes? A ellos sí hay que tratarlos bien, ¿o no? Está escrito en su Misión y Visión.

—Los clientes son un mal necesario. ¿Qué le vamos a hacer? De ellos comemos.

—Tomás. Dime una cosa ¿esas creencias respecto a los proveedores, dueños, compañeros y clientes, siempre han sido así? ¿O se volvieron más negativas después del accidente?

—Puede ser. No lo había pensado. El accidente marcó el principio del fin aquí. A esta empresa no le queda ni un año de vida. Te lo aseguro.

Asentí. Le puse azúcar a mi café y me lo bebí en pequeños sorbos.

El juego de la empresa y de la vida es meter goles y los **GOLES**, recordemos, son **metas productivas de calidad que**

brindan satisfacción y placer, tanto a nosotros como *A LA GENTE*. ¿A qué gente? ¡A *toda* la que se relaciona con la empresa! Son cuatro grupos:

1. LOS DUEÑOS: ¿Acaso esos sujetos con fama de tacaños, esclavistas, aprovechados, merecen que les demos **ACTOS, FORMAS Y CREENCIAS** de calidad? ¿Será necesario que se sientan *satisfechos*? A ver. Aunque algunos empresarios se merecen malos calificativos, la gran mayoría, no. Son personas que estuvieron dispuestas a arriesgarse y a vivir altos niveles de estrés por emprender ese sueño; han apostado su capital, su tranquilidad y a veces su salud. Los empresarios representan un sector poco comprendido; mucha gente se acerca a ellos para pedirles dinero prestado, amenazarlos, extorsionarlos o insultarlos; delincuentes e inspectores (pasando por conocidos y familiares), quieren quitarles dinero; todo el mundo les pide algo; están rodeados de supuestos amigos que en realidad los envidian y tratan de exprimirlos; por eso los dueños de negocios suelen volverse desconfiados. Sin embargo, la economía y el bienestar del mundo entero, depende de que ellos se mantengan en pie. Si los dueños no reciben recursos de valor por su esfuerzo, quitarán la empresa, y a nadie nos conviene que eso suceda. Es mejor que encontremos a un empresario que vende refrescos "caros" en medio del desierto a no encontrar a nadie y morir de sed. ***Cuando los inversionistas emprenden negocios, se activan engranajes en los que miles de personas se benefician***.

2. LOS EMPLEADOS: Al trabajador se le abruma con la misma tonadilla todos los días: *Atiende al cliente, el cliente es lo más importante, al cliente lo que pida*. Pero se nos olvida que ¡el empleado es el primer **cliente interno**!, consume la esencia primaria que la empresa produce. Los empleados hacen que la maquinaria funcione y se parten la cara trabajando ocho o más horas cada día en un ambiente que pocas veces satisface sus deseos y merecimientos. Son ellos quienes generan el producto, atienden a clientes externos, y tejen, puntada a puntada, el lienzo descrito en los manuales operativos. Es cierto que también hay empleados ariscos y traidores, pero la gran mayoría son leales; permanecen por años en sus puestos haciendo lo mejor a su alcance. ¿Será importante que se sientan satisfechos y reciban **ACTOS, FORMAS Y CREENCIAS** de calidad (buen sueldo, trato digno y reconocimiento) por parte de los dueños y de los otros empleados? ¡Por supuesto! ***Sin los trabajadores, la empresa no existiría. Punto***.

3. LOS PROVEEDORES: Existe un paradigma terriblemente disfuncional: el proveedor debe tratar bien a su cliente (porque el cliente es el rey) y el cliente debe tratar mal a su proveedor (porque el proveedor es un plebeyo necesitado de vender sus productos). ¡Cuánta ignorancia se propaga cuando no vemos el panorama completo! Los proveedores brindan materia prima para que la empresa pueda transformarla, exhibirla y revenderla. ***Sin los proveedores no hay nada que vender***. El proveedor que trabaja, por ejemplo, con algunas tiendas de autoservicio o departamentales (por fortuna, no todas ni siempre es así), suele vivir un viacrucis de humillaciones muy particular: En principio **LA GRAN TIENDA** le exige un descuento exagerado, además de noventa días de crédito con derecho a devolución. Unas semanas después, **LA GRAN TIENDA** le notifica a *Mr. Proveedor* que abrirá otra sucursal en Chincutenango el Chico y le envía una nota de crédito descontándole la mitad de las facturas por concepto de "cooperación obligatoria". Tiempo después **LA GRAN TIENDA** le informa que acaba de actualizar su software de compras y le quita otra tajada "porque los proveedores deben pagar ese software". Antes de que se cumplan los noventa días de crédito, **LA GRAN TIENDA** hace un nuevo pedido de mercancía ¡que devuelve casi de inmediato para cancelar, con esa devolución falsa, la factura vencida y tomarse otros noventa días! Tres meses después **LA GRAN TIENDA** repite el truco. Lo hace una y otra vez, para no pagar. **LA GRAN TIENDA** al fin abre su sucursal de Chincutenango el Chico y le exige a *Mr. Proveedor* que envíe un lote de mercancía con doble descuento. Además, le informa que va a rifar un auto y que *Mr. Proveedor* lo tiene que regalar. Si *Mr. Proveedor* protesta, **LA GRAN TIENDA** lo amenaza con sacarlo del mercado y no comprarle nunca más. ¿Exagerado? Por desgracia en ciertos casos se acerca mucho a la realidad. ¿Cuándo aprenderemos que los proveedores son una parte importantísima de la misma empresa? Merecen que se les pague a tiempo y completo (lo contrario es robarles), merecen un trato elegante, digno y un **SERVICIO DE CALIDAD**.

4. LOS CLIENTES: Ellos tienen el dinero. Por eso son los reyes. En un mercado de libre competencia, el que tiene el dinero manda. Todas las empresas se pelean por los clientes (en realidad por su dinero). El problema es que hoy en día la empresa necesita vender volumen. Así, el rey se convierte en un simple *número*. «¿*Cuántos* clientes tenemos? *¿Cuántos? ¿Cuántos? ¿Cuántos?*». Esa es la desgracia del cliente. Deja de recibir la atención de un buen servicio "personal" (después de todo ¿qué importa si un solo sujeto se siente engañado o desatendido cuando en este año nuestro número ya rebasa los doscientos treinta y un mil?). Pero entendamos algo: ese ser humano a quien llamamos "cliente" está con nosotros porque le brindamos recursos de valor: *le ahorramos tiempo, le damos bienes de calidad, servicio excepcional o comodidades a cambio de su dinero...* Pero siempre va a buscar quién le brinde el mejor servicio al menor costo. No olvides que para los clientes nosotros somos solo sus proveedores. ¡A pesar de todo, hay que darles lo que piden, porque tienen el dinero y porque nosotros necesitamos cada centavo de los doscientos treinta y un mil clientes que tenemos! ¡No podemos perder a uno solo!

Nuestro mayor reto es HACER QUE EL DINERO CIRCULE. Así conseguiremos la meta máxima de la empresa: ***Que todos*** *GANEMOS.*

14

MANEJAR PROBLEMAS

Me despedí de Tomás en la cafetería y averigüé dónde se hallaba la oficina del director general. Ya no quería hablar con Joch, ni con Isabel ni con el *toro sentado*. Aunque la secretaria me informó que el CEO estaba muy ocupado, insistí. Le dije que se trataba de algo sumamente grave. Al fin me recibió. Era un canadiense nacionalizado mexicano, de pelo plateado, piel rojiza y marcado acento sajón. Me hizo pasar a su sala de juntas.

—Usted autorizó que yo dirigiera la capacitación de TIMING en su empresa —le dije después de los saludos protocolarios—, pero la primera reunión fue caótica. En un pasillo sucio, lleno de distractores. Aquí casi nadie está interesado en instruirse. El clima de trabajo es tenso. Parece que hubiera una bomba de tiempo a punto de estallar.

—La hay —admitió poniéndose unos lentes de lectura con movimientos temblorosos—, mire este legajo —me mostró un mamotreto—, se habrá enterado del accidente. Bueno pues los clientes que nos contrataron para construir el puente, nos están demandando porque por nuestra supuesta negligencia les quitaron sus permisos para talar y transportar árboles. Ya devolvimos hasta el último centavo de sus anticipos y aun así, dicen que nos quedamos con dinero de ellos y los perjudicamos. En realidad son unos pillos; tienen vínculos con funcionarios corruptos. Por eso talan árboles en zonas federales. Por otro lado, Serrano, el empleado que quedó en silla de ruedas, nos está exigiendo indemnizaciones millonarias; al parecer asesorado por un sindicato agresivo que se ha querellado ante la Junta de Conciliación y Arbitraje para hacer quebrar nuestra empresa y quedarse con los restos. Eso sin contar con las investigaciones de la policía que insiste en levantarnos cargos penales por la muerte del muchacho.

—¿La muerte del muchacho? —pregunté de inmediato—. ¿Cuál muchacho? ¿Alguien murió en el accidente?

—Sí. Un joven aprendiz. Se llamaba Alex.

Cerré los ojos. La noticia me abrumó.

De pronto entendí las palabras pesimistas de Tomás. «El accidente marcó el principio del fin aquí. A esta empresa no le queda ni un año de vida».

—¿Le puedo pedir un favor? —quise suplicar, aunque mi voz sonó casi imperativa—. Emita un comunicado para que todo su personal tome la capacitación de TIMING, de forma obligatoria. Incluyendo los directivos. Ya impartí la primera sesión, pero estoy dispuesto a posponer mi vuelo y repetirla si usted lo autoriza. La gente tiene mucho más poder del que se imagina para crear y resolver problemas. Ya hemos visto lo que pueden hacer ciento ochenta personas trabajando FUERA DE TIMING, sin GESTIONAR LA CALIDAD DE SUS ACTOS, FORMAS Y CREENCIAS. Ahora experimentemos lo contrario. No le garantizo que se solucione todo esto —señalé el legajo de demandas—, pero si cada persona de la empresa entra en RITMO PRODUCTIVO, comenzarán a suceder cosas buenas. De eso sí estoy seguro.

Nos pusimos de pie. Me estrechó la mano.

—De acuerdo. Los problemas hay que enfrentarlos y, por lo pronto, cuente con que el curso será obligatorio.

La empresa es un lugar en el que *siempre hay problemas*. Gracias a ellos tenemos trabajo. Nos contratan para manejarlos. Pero espera, ¿dije *manejarlos* en vez de *resolverlos*? Claro porque no todos los problemas deben resolverse, algunos, por el contrario, deben crearse.

Hay dos tipos de problemas: ▶Los que ocasionan pérdidas de tiempo, clientes, dinero, prestigio, relaciones u oportunidades. Les llamamos **PROBLEMAS DE RETROCESO**. Esos hay que resolverlos y evitarlos, porque de lo contrario nos ponen en **RN-**. ▶Los que nos hacen estirarnos y crecer. Esos hay que provocarlos y darles buen cauce, porque nos ponen en **RP+**. Les llamamos **PROBLEMAS DE PROGRESO.**

> Por ejemplo: Si organizamos una venta especial y llegan tantos clientes que crean un congestionamiento, *estamos en un problema de progreso*... Si inventamos un nuevo producto que obliga a la empresa a contratar más gente o a ampliar sus horarios, *estamos en un problema de progreso*... Si implementamos una capacitación de calidad que nos obliga a leer, reunirnos y practicar algo nuevo, *lo mismo*... Si abrimos otra sucursal del negocio, *también*... Son problemas sanos. Démosles buen cauce.

La PERSONA DE ALTO RENDIMIENTO resuelve PROBLEMAS DE RETROCESO y crea PROBLEMAS DE PROGRESO. ¡No puede quedarse quieta! ¡No se conforma con existir! Siempre busca más.

¿Alguna vez has dicho que a ti no te gustan los problemas? ¡Pues precisamente por eso no progresas! Para controlar el estrés no debes evitar o posponer los problemas. Debes enfrentarlos y manejarlos. Esconderte de los problemas te hará una persona improductiva. Sí. Ya sé que la gente es fastidiosa, que hay clientes agresivos, proveedores pesados, compañeros imprudentes y accionistas insoportables, pero entiéndelo de una vez: A ti te pagan para **MANEJAR PROBLEMAS** ***con todos ellos***. Y hacerlo con ética, buenas formas y creencias constructivas.

Para manejar problemas se necesita valor. Si eres valiente, te harás indispensable en la organización.

15

ENFOCARSE EN LA CALIDAD

Joch supo que estaba a punto de morir. Abrió los ojos, desesperado. La superficie sobre su cabeza parecía cerca, estiró los brazos. Calculó que se encontraría a dos metros bajo ese torrente de agua lodosa. Sacudió la cintura, empujando con los pies. Tenía una de las vigas del puente sobre las piernas. Sus colegas en la superficie jamás lograrían mover a tiempo el armazón de metal; quizá necesitarían usar grúa y él no aguantaría la respiración por mucho más tiempo. Lo invadió el pánico. No le quedaban más que unos segundos.

Nunca creyó que su vida terminaría así; en un accidente causado por la negligencia de un equipo de trabajo que había caído gradualmente en la desidia.

Alguien le tocó la cabeza. Era Alex, el aprendiz, quien trataba de darle la mano desde la superficie. Joch lo jaló, quiso aferrarse a él, le rompió la camisa y le arañó la piel. Alex se zafó y desapareció de su vista.

Joch hizo el último esfuerzo desesperado por escapar; empujó con toda la energía posible, pero la viga sobre sus rodillas no se movió.

En ese momento percibió un aluvión exagerado de tierra y agua arremolinándose.

Una barricada de troncos mal apilados en la orilla del río, que los taladores abandonaron en espera de la construcción del puente, se había venido abajo también, trayendo consigo a varios trabajadores más.

¿Quiénes de sus compañeros habrían caído y se estarían ahogando con él?

Los accidentes son producto de la mala calidad en **ACTOS, FORMAS Y CREENCIAS,** generados por una deficiente actuación de colegas, dueños, clientes o proveedores. A como dé lugar, por nuestro propio bien y progreso, es necesario enfocarnos con celo obsesivo en la calidad. A partir de esta semana y en adelante ¡cambia el chip de ideas y movimientos!: Lleva la filosofía de lo bien hecho a todas las áreas de tu vida y trabajo. Hagas lo que hagas, mantén un altísimo estándar, hallando tu propia satisfacción y satisfaciendo a los demás (tanto si pintas un cuadro, como si atornillas una pieza, como si das un consejo a tu hijo, como si haces el amor).

Para esquematizar el significado completo de la CALIDAD TOTAL, suma todas las fórmulas de la buena gestión:

LA CALIDAD =

BRINDA SATISFACCIÓN Y PLACER A
ACCIONISTAS + EMPLEADOS + PROVEEDORES + CLIENTES

EL PRODUCTO DE CALIDAD ES =

LEGAL + MERITORIO + NO DAÑA A OTROS
+ BIEN HECHO + RÁPIDO + ENFOCADO + CORTÉS
+ POSITIVO + CREA PROGRESO + CON SERVICIO EXCEPCIONAL

Que la calidad de tu trabajo hable por ti. Así, otros lo notarán y serán ellos quienes hablarán. ¡Se convertirán en tus promotores gratuitos!, calificarán con cinco estrellitas tu servicio, difundirán su agrado por ti, y más personas estarán interesadas en comprar tus productos.

Entonces el dinero fluirá.

TERMINOLOGÍA

Con base en lo estudiado y en tus propias reflexiones, define las siguientes palabras. Haz este ejercicio con honestidad; (al final del curso compara tus respuestas con el GLOSARIO OFICIAL COMPLETO que puedes descargar en WWW.METODOTIMING.COM).

A partir de hoy, usa los términos en tu vocabulario diario:

(17) GOLES EN EL TRABAJO.
(18) AUTOGESTIÓN.
(19) GESTIONAR LOS ACTOS.
(20) ACTOS DE CALIDAD.
(21) GESTIONAR LAS FORMAS.
(22) FORMAS DE CALIDAD.
(23) GESTIONAR LAS CREENCIAS.
(24) CREENCIAS DE CALIDAD.
(25) MENTE SUBCONSCIENTE.
(26) CALIDAD A LOS 4 GRUPOS.
(27) PROBLEMAS DE PROGRESO.
(28) PROBLEMAS DE RETROCESO.

MOTORES

DE RENDIMIENTO

Estás en RP+ ⇨ GESTIONAS CON CALIDAD TUS ACTOS, FORMAS Y CREENCIAS ⇨ ahora debes aprender a usar MOTORES DE RENDIMIENTO.

16

HACER LA TAREA

La primera pregunta que nos hicimos en este libro fue: ¿Por qué, si todos disponemos del mismo tiempo en determinado lapso, unos logran mayores y mejores resultados que otros? ¿Por qué hay personas más productivas? La respuesta es evidente: *La gente exitosa sigue ciertas rutinas.* Ése es su secreto. A estas rutinas les llamamos **MOTORES DE RENDIMIENTO**, porque multiplican la efectividad de todo lo que hacen. El primer **MOTOR DE RENDIMIENTO** te va a asombrar por su obviedad; se llama **HACER LA TAREA**.

Sabes lo que es *hacer la tarea*. Lo odiábamos en nuestros tiempos de estudiantes. ¿Recuerdas?: *Investigar, ver mapas, analizar esquemas, dibujar planos, leer, estudiar manuales, enlistar actividades, memorizar datos; esquematizar lo que explicaríamos a otros; preparar presentaciones, redactar trabajos escritos...*

Nuestro éxito como estudiantes confluía siempre en esto: **HACER LA TAREA,** porque nuestra capacidad de improvisación, por más que abusáramos de ella, era bastante limitada. Tampoco servía de mucho copiar o pedir ayuda a los que sí hacían la tarea, porque tarde o temprano nos daban la espalda. Si queríamos aprobar los exámenes y destacarnos en nuestras actuaciones dentro de la escuela, el secreto era siempre el mismo: Prepárate en casa. Lo increíble de una lección tan reiterativa (¡nos la infundieron por años!) es que la hayamos olvidado tan rápido. ¿No te parece extraño que muchos "excelentes estudiantes" se conviertan en “pésimos profesionistas”? Una de las razones es esa: Cuando egresan de la escuela no vuelven a **HACER TAREAS**.

La persona de ALTO RENDIMIENTO hace tarea en el kínder, en la primaria, en el bachillerato, en la universidad y sigue haciéndola cuando entra a trabajar como técnico, cuando lo ascienden a supervisor, cuando se convierte en gerente y cuando se independiza para poner un negocio. Siempre, siempre, siempre **HACE LA TAREA**.

El director general de la empresa llamó a Joch y le pidió que realizara las gestiones para contratar el pequeño teatro que estaba cruzando la calle. Como el curso de TIMING sería obligatorio, convenía llevarlo a cabo en un sitio más adecuado, donde no hubiera distractores, donde el sonido se escuchara a la perfección y la gente pudiera concentrarse. Alguien debía pensar en todos los detalles, analizar opciones, realizar llamadas, investigar, preguntar, solicitar y lograr ese lugar y ambiente. Por mi parte debía preparar mi charla de forma distinta, enfocándome en la problemática específica de la empresa, además de cambiar la reservación de mi vuelo. En resumen. Para conseguir mejores resultados en la práctica, Joch y yo debíamos, primero, hacer la tarea.

Recuerdo una reunión de exalumnos, diez años después de que terminé la carrera de ingeniería. Mis compañeros y yo nos sentamos alrededor de una mesa enorme y fuimos hablando por turnos. La dinámica consistía en compartir nuestra experiencia laboral, qué negocios habíamos emprendido o qué empleos habíamos desempeñado. La mayoría contamos anécdotas lamentables (a mucha honra porque nos dieron experiencia) saturadas de errores y de escaso progreso. Pero no todos. Había un compañero a quien le había ido muy bien. Describió sus éxitos detalladamente. Eso creó un silencio profundo en la sala. A sus treinta y cuatro años había triunfado como empresario; era dueño de varias ferreterías, facturaba millones al año, había ganado premios, dirigía programas para enseñar a jóvenes emprendedores.

—Eso suena increíble —reconoció una colega—, pero ¿qué rayos hiciste para lograrlo? ¡Todos aquí recibimos la misma instrucción profesional; somos contemporáneos de las mismas aulas y en nuestra época de estudiantes obteníamos calificaciones similares! ¿A qué se debe la abismal diferencia entre tus resultados y los nuestros?

—La verdad, no lo sé.

—¿Cómo es un día normal para ti? —Quisimos indagar en busca de alguna pista—, ¿qué haces en las mañanas, por ejemplo?

—Bueno. Siempre inicio mi jornada laboral pensando, a solas. No hago otra cosa. Solo pensar. A veces me apoyo en libros y apuntes, pero esencialmente pienso. Estudio. Tomo un papel en blanco y hago cuadros sinópticos. Descargo mis ideas y las organizo. ¡Como lo hacíamos *todos* cuando éramos estudiantes!

Guardé la respiración sintiendo que acababa de recibir un gancho al hígado. Ese era uno de sus secretos.

En inglés la palabra "tarea" se traduce como "homework" igual a "**trabajo en casa**", pero se nos ha dicho hasta el cansancio que a la casa no llevemos trabajo... ¡Grave error! ¡Todo lo malentendemos! En efecto, no debemos resolver los pendientes de la oficina en la recámara, pero ***sí debemos estudiar, pensar, apoyarnos en libros y apuntes*** *para preparar nuestra actuación próxima*. ¿Cómo nos atrevemos a presentarnos a las labores diarias sin haber hecho la tarea?

—Yo marco el rumbo —siguió nuestro colega—, porque cuando me reúno con mi gente, sé qué decirles. Controlo los resultados. Llevo a todos a mejorar. La gente confía en mí, pues pocas veces me equivoco. Pero no soy un genio, ustedes lo saben. Simplemente les llevo una ventaja a los demás: Estudié más que ellos el día anterior.

Éste es el primer motor de rendimiento: **HACER LA TAREA**.

17

AL GUIAR A OTROS, HACER LA TAREA *AÚN MEJOR*

Joch, me hizo una pregunta inesperada.

—¿Cómo puedo lograr que Isabel y el resto de mis compañeros en la empresa me perdonen?

Se había puesto de pie apoyado en sus dos bastones. Su mirada denotaba buenas intenciones legítimas.

—¿Te perdonen de qué? —pregunté—, ni siquiera comprendo la causa de que Isabel te haya abandonado.

—Tengo veinticinco años de antigüedad en esta empresa —explicó—. Ingresé como practicante, luego me hice ingeniero y fui subiendo de rango hasta convertirme en gerente de operaciones. Aquí conocí a Isabel. Era viuda, con un hijo adolescente rebelde y asmático. La conquisté. No fue fácil. Pero me hice amigo de su hijo y eso la ayudó a darse cuenta que mi amor era sincero. Nos casamos y pusimos una casita para vivir juntos. Los tres, como una familia. En poco tiempo me convertí en la figura paterna de mi hijastro. Nos llevábamos de maravilla. Le enseñé a trabajar, estudiaba con él por las noches e íbamos juntos a los partidos de futbol. Isabel y yo hacíamos buena pareja. Luego vino el accidente. Fue terrible. Me sentí tan culpable por lo sucedido y tan enojado por haber perdido la movilidad de mis piernas que comencé a maldecir y a escupir a todos alrededor. Caí en un pozo de depresión y amargura. Me hice adicto al alcohol y me volví un ser detestable y agresivo.

—Entiendo —le puse una mano en el hombro—, pero todo eso está en el pasado ¿verdad? —asintió—. Entonces demuéstrale a Isabel y a tus compañeros que la vida sigue, que has aprendido la lección, ya no te emborrachas, has vuelto a ser **DIS-FRUTABLE** y ya no te estás ahogando en un río de negativismo. ¡Si insultaste a Isabel o te volviste grosero, hazle saber que superaste esa etapa y no volverá a ocurrir!

—Se dice fácil —gimió (aún estaba debajo de ese río)—. Todas las noches sueño con el accidente... No creo que pueda compensar con simples palabras todo el daño que causé. Mucha gente dependía de mí y yo no realicé las proyecciones suficientes, no preví lo que podía pasar, no estudié, no analicé bien las alternativas. Actué sin planeación previa. Lo que hice en el campo de acción estuvo mal, pero lo que dejé de hacer antes, es imperdonable —repitió—. ¡Mucha gente dependía de mí!

Su culpa era natural. Cuando hay personas que nos siguen, debemos **HACER LA TAREA AÚN MEJOR**.

Hace meses, dirigí una expedición de vehículos todoterreno; tracé la ruta y proveí las cuatrimotos a un grupo de amigos. A la mitad del camino, uno de mis invitados se volteó; quedó lastimado y su vehículo roto. Nos encontrábamos a una hora de distancia del poblado más cercano. Todos me miraron. "¿Qué hacemos?" Llamé a mi auxiliar. Le pedí la herramienta necesaria para reparar el vehículo. ¡No la traíamos! Solicité el botiquín de primeros auxilios. Estaba incompleto. Busqué una lata de aire comprimido para inflar la llanta. ¡Estaba vacía! Mi invitado se quejaba; la moto descompuesta derramaba aceite. Entonces me di cuenta que no basta con invitar a mis amigos a pasear y decidir en qué pueblo nos detendríamos a comer barbacoa.

Era necesario **HACER *BIEN* LA TAREA**: Revisar los vehículos y preparar los implementos para alguna eventualidad. ¿Qué eventualidad? Ah, muy buena pregunta. ¡Para eso hay que sentarse a pensar y a planear!

MIENTRAS MÁS GENTE DEPENDA DE TI, HAZ MEJOR LA TAREA.

Cuando los conductores de las cuatrimotos detectaron mi confusión, comenzaron a dar opiniones. La mayoría ridículas. Otras vehementes. Se hizo un caos. Yo estaba paralizado.

En las crisis todos tienen una opinión visceral. Ante los problemas, hasta el más tímido grita lo que debería hacerse. Pero en medio de la tormenta solo quien hizo bien la tarea puede tomar decisiones certeras basadas en ***lo que pensó, planeó y resolvió con anticipación***.

¿SABES CÓMO SE IDENTIFICA A UN LÍDER?

- ✓ Es quien ha desarrollado la capacidad de visualizar los procesos, organizar personas, prever tiempos e imaginar resultados (*hizo la tarea*).
- ✓ Ve la ruta antes que todos los seguidores (*hizo la tarea*).
- ✓ Pasa más tiempo que los demás creando sistemas, tomando notas, e imaginando cómo va a repartir las responsabilidades (*hizo la tarea*).
- ✓ Es admirado por ***sus pensamientos*** (*hizo la tarea*).
- ✓ Sabe transmitir lo que piensa y organizar a los demás en función a lo que pensó *previamente* (*actúa conforme a la tarea que hizo*).

Éste es nuestro segundo **MOTOR DE RENDIMIENTO**: Cuando pretendas que otras personas te sigan, **HAZ LA TAREA AÚN MEJOR.**

CALCULAR EL BUEN RUMBO

Joch me relató:

«Después del accidente me mudé con mis papás, y no me importó convertirme en una carga para ellos. Mi vida se lentificó; todo parecía en cámara lenta. Los días transcurrían muy despacio. Me la pasaba mirando por la ventana de la habitación. Era injusto para mis padres ancianos que su hijo adulto hubiese regresado para ser atendido como un bebé de cien kilos. Mi hermano menor fue varias veces a tratar de hacerme reaccionar, pero lo rechacé. Creo que fue él quien llamó al director general de la empresa para que me visitara. Cuando el canadiense entró a mi cuarto, alzó las cejas asombrado. Se tapó la nariz para no respirar la hediondez de mi habitación. Yo tenía varias semanas sin bañarme. Me preguntó:

—¿Por qué crees que quedaste vivo? ¿Para ser un ejemplo humano de ruina, dar lástima y causar molestias? No amigo, mientras respires, tienes que producir cosas buenas. Tus piernas están lastimadas, pero tu mente y tus manos funcionan a la perfección. Si deseas, puedes regresar a la oficina a trabajar. Yo te abro las puertas. Somos una familia. Le dije lo mismo a Serrano. Él no quiere. Está lidiando con su problema de otra manera. Tiene muchísima ira. Se le ha metido en la mente la idea de vengarse de mí, de ti, de sus antiguos jefes. Dice que acabará con la empresa. No le veo sentido. Tú eres diferente...

Asentí. En un deseo desesperado por aferrarme a la vida, acepté la propuesta del director. Me reincorporé a mi empleo, pero después cometí el error de llamarle a Serrano y charlar mucho con él; mi excolega estaba enfurecido de veras. En cierta forma me volvió a emponzoñar; a los pocos días, la culpa y el negativismo me aplastaron de nuevo. Llené de acidez el ambiente, me negué a realizar el trabajo que me asignaron y terminé relegado en el último rincón... En estos meses lo único que he hecho es pensar mal, actuar mal y calcular mal el RUMBO de mi vida.»

Todos debemos pensar y actuar. Para eso nos pagan. Una cosa no exime de la otra.

Analicemos las proporciones: Mientras más alta es la jerarquía, se piensa más y se realiza menos trabajo técnico, hasta llegar a una medida natural, digamos de 80-20. Pero aún el director general o CEO de la Compañía está obligado a usar el 20% de tiempo en *labores operativas*. (Así que, aunque seas "jefe", después de organizar a tu equipo, también pon manos a la obra: toma el teléfono y haz llamadas a clientes; vende, da servicio; actúa; arremángate la camisa y demuestra con hechos que sabes moverte ¡y bien!, por ningún motivo te sientes a mandar a otros chasqueando los dedos). Por otro lado, mientras más baja sea la posición jerárquica de la persona, más actúa *en el campo* y menos piensa la ruta, hasta llegar a la proporción similar 20-80; ¡aún el obrero técnico debe pensar el 20% de su tiempo! (Si eres un trabajador que desea subir en el escalafón, no dejes de realizar tu labor operativa, pero comienza a pensar, planear, estudiar y calcular *más*).

Este curso se fundamenta en ejercicios escritos que deberías descargar (www.metodotiming.com), porque solo el hábito de escribir tus ideas te puede ayudar a clarificarlas y a realizarlas mejor después. El rumbo se calcula pensando. Y se modifica, si es necesario, también pensando.

Voy a contarte uno de los muchos errores que he cometido en el trabajo. Recién egresado de la universidad emprendí una escuela de capacitación técnica, pero en un afán de brevedad y concisión, inventé las carreras rápidas: *Técnico en ventas* (en un año), *Director de personal* (en dos años) y *Presidente empresarial* (en tres años). Invertí muchas horas realizando programas de estudio, consiguiendo permisos y después alumnos. La idea era excelente. Imagina una escuela en la que te enseñan la esencia para vender, dirigir personas y poner negocios, en solo dos horas diarias. Pero la gente no lo entendió. Tuve poquísimos inscritos. Mi gran idea fracasó. Insistí en mantenerla. Después de todo, como educador, eso era lo que yo quería hacer, además, algunos clientes habían confiado en mí y no podía truncar sus estudios.

Mi padre, quien también era empresario, me dijo:

—Estamos a punto de iniciar un nuevo ciclo escolar. Antes de lanzarte a trabajar en tus carreras absurdas, retírate y piénsalo dos veces porque tus clientes te pagan por **CALCULAR EL BUEN RUMBO.**

Detrás de mi casa había un enorme descampado. Así que salí a caminar. Era una tarde lluviosa. Recuerdo que se me hizo de noche y seguí deambulando. Pensaba en voz alta. Luego regresé, empapado, tomé pluma y papel para escribir mis ideas. Hice tablas, números y cuadros. Estudié mi plan de negocios y los programas de otras escuelas. No llegué a ninguna conclusión. Al día siguiente seguí pensando. Mi esposa me dio espacio y tiempo. Al fin tomé la decisión de cerrar las carreras que había emprendido.

Cuando llegué la siguiente semana a enfrentarme con alumnos, padres, e inspectores, ya sabía qué contestarles. (Había **HECHO LA TAREA**). Di de alta carreras comerciales clásicas con secundaria y preparatoria incluida; me enfoqué en dar a mis alumnos una calidad de servicio excepcional; a los pocos meses mi escuela estaba llena de clientes y la empresa se fue para arriba como la espuma. No di las clases que yo quería, pero apliqué mis fortalezas desde otro ángulo.

La decisión que marcó mi vida como empresario fue tomada en una larga sesión de pensar a solas después de comprender la sentencia de mi padre: *Tus clientes te pagan por* **CALCULAR EL BUEN RUMBO**. Ése es nuestro tercer **MOTOR DE RENDIMIENTO.**

19

ACORTAR LOS PLAZOS

Joch logró contratar el viejo teatro cercano. Aunque olía un poco a humedad, tenía buenas luces y mejor equipo de sonido. Todos los empleados asistieron a la conferencia. Incluso los gerentes. Algunos, de mala gana. El director general estaba sentado en primera fila. Supe que jamás en la historia de la empresa se habían cerrado las oficinas por la tarde para un evento de capacitación. Al terminar la charla sentí que habíamos logrado el compromiso inicial que se requería.

Joch me acompañó al aeropuerto en taxi.

—Me gustaría ayudar a levantar las ventas de la empresa. Sacarla de la zanja en que la metí —me dijo—. Tengo muchas buenas ideas. Pienso hablar con mi jefe y con el presidente para que me den otra oportunidad. Quisiera probarme como vendedor.

—¿Cuándo y cuánto? —le pregunté—, si quieres hacer algo, debes tener fechas y cifras. Haz la tarea y acorta los plazos de tus metas. Ve a hablar con tus superiores cuanto antes.

—Lo haré pronto.

—Pronto no es suficiente. Ponte un límite de día y hora. Haz lo mismo respecto a tu relación con Isabel. Me dijiste que quieres reconquistarla. No dejes pasar más tiempo. Que tu lema en la vida sea este: "Lo que pienso hacer mañana, lo haré en la hora libre que me queda hoy". A como dé lugar, siempre que puedas, ¡muévete ágilmente!

La lentitud es sinónimo de estupidez, según asegura Luis Alberto Machado en su extraordinario tratado sobre *La revolución de la inteligencia:* «En los estudios de psicología de la inteligencia, la diferencia entre un hombre inteligente y uno que no lo es, no consiste en que la mente del primero sea capaz de entender un asunto que la del último no puede alcanzar. Los dos pueden entender lo mismo. Solo que el menos inteligente necesita más tiempo. El problema consiste, entonces, en no poder disponer del que requiere o en carecer de la voluntad suficiente para ser constante. Dicho en otra forma, si alguien tuviera la decisión necesaria y dispusiera de tiempo ilimitado, no habría ningún problema que no pudiera entender y resolver. Nunca podremos decir que una persona no entiende algo, sino que "hasta ahora" no lo ha entendido. Así, por lo que a su capacidad mental se refiere, los hombres no se dividen en inteligentes y torpes, sino en rápidos y lentos (o "tardos", como se denomina con sorprendente exactitud en español a los que entienden con dificultad)».

Impresionante, ¿verdad? Las consecuencias son enormes: quien logra aumentar su capacidad mental, acelera en automático sus acciones y mejora sus resultados. A la vez, quien hace un esfuerzo consciente por actuar más rápido, estimula su cerebro y aumenta su capacidad mental. Así que, seas por naturaleza una persona impetuosa o calmosa, enfócate en *moverte más rápido*. ¿El partido está avanzando y no anotas goles? ¡Deja de mandar pases laterales o regresar la bola al portero, y *acomete hacia delante*! No titubees. ¿Quieres prosperar? ¡Produce! Avanza en el marcador. No basta con hacer algo bien, hay que hacerlo *a tiempo*, pues **algo bien hecho que no se termina *a tiempo* es igual que si estuviese mal hecho**.

¡Por disciplina personal, acorta tus plazos! C. Northcote Parkinson (*La ley de Parkinson*, Seix y Barral, Barcelona 1980), estableció una de las leyes más valiosas de la administración: ***Los proyectos se expanden hasta abarcar todo el tiempo disponible***. Si cuentas con *una semana* para hacer el reporte de ventas, lo pensarás, lo bosquejarás, lo repetirás, y en el último minuto, lo estarás formateando para llevarlo a la junta; pero si solo cuentas con dos horas, lo terminarás exactamente igual. No es el ritmo de trabajo rápido o lento lo que propicia la culminación puntual de las cosas, sino el tiempo permitido lo que propicia que el ritmo de trabajo sea rápido o lento. Es un axioma: **sin presiones de tiempo, todo esfuerzo disminuirá con la tendencia a cesar**. ¡Así que atrévete a recortar tus plazos!

Pero nunca pierdas el control. Estar **EN TIMING** no significa correr de un lado a otro como locos. Las prisas desbocadas disminuyen nuestra eficiencia y nos ponen en peligro. Observa a los automovilistas de nuestras ciudades tercermundistas: ¡Siempre tienen prisa, están de mal humor, no dan el paso, tocan la bocina, son agresivos! ¿Sabes por qué? ¡Porque no hicieron la tarea! ¡**PORQUE SALIERON TARDE DE SUS CASAS**! Porque en el camino van desayunándose, arreglándose, apagando fuegos de trabajos mal hechos, buscando objetos o documentos perdidos, llamando por teléfono (¡disculpa voy tarde, el tráfico es horrible!, ¡maldita sea!, ¡quítate del camino, imbécil!, ¡éste es mi carril!). Pierdes el control por impuntual, por negligente, por dejar todo al último momento. Es mejor optimizar tus movimientos para que las cosas sucedan rápido, pero en control.

Nuestro cuarto motor de rendimiento es **ACORTAR LOS PLAZOS**.

20

PLANEAR TIEMPOS Y ACOMETER

Joch supo que moriría. En unos segundos más acabaría respirando bocanadas de agua sucia. Manoteó. Se mordió los labios inferiores para evitar abrir la boca. Prefería perder el conocimiento aguantando la respiración que convulsionarse dolorosamente por el agua que entrara a sus pulmones. Pensó que si pudiera, se amputaría las piernas, con tal de poder salir a la superficie. Sus dientes le cercenaron el labio inferior; ya no aguantaba más.

Entonces percibió el aluvión de lodo y agua arremolinándose a su alrededor. Las oleadas subacuáticas producidas por el nuevo derrumbe de cientos de troncos enormes y pesados mal apilados a la orilla del río, movieron la viga de metal. Jaló con todas sus fuerzas; fue un instante crítico en donde su lucha por sobrevivir acalló los terribles calambres de dolor. Sintió cómo las rótulas de sus rodillas se rompían; pudo oírlas tronar, la piel se le desgarró casi hasta los huesos al momento en que lograba estirar el cuerpo hacia la superficie. Sacó la cabeza del agua e inhaló una gran bocanada de aire.

Estaba mareado. Siguió respirando a toda prisa y comenzó a llorar.

Había conseguido salir a tiempo.

«Unos segundos más en el agua y hubiera muerto».

Por otro lado nadie se dio cuenta que el joven aprendiz, Alex, había estado nadando en el río sin ningún plan, sin calcular sus movimientos, con nerviosismo y torpeza, guiado por un deseo descoordinado de ayudar. Y los troncos del segundo derrumbe lo habían golpeado.

«Unos segundos menos en el agua y se hubiera salvado».

La planeación y el manejo de los tiempos es **todo** cuando se trata de medir resultados. El reloj es nuestro mejor aliado, pero también puede ser nuestro mayor enemigo.

> Antes de iniciar un examen con noventa y seis preguntas, el buen estudiante PLANEA TIEMPOS: pregunta de cuánto dispone y hace una división. Si tiene dos horas, sabe que *cada diez minutos deberá responder (al menos) ocho preguntas. Cada media hora, veinticuatro. Cada hora, cuarenta y cinco.* Después escribe esos datos junto a un cronómetro y comienza a trabajar.
>
> El objetivo del examen (y de la vida) es lograr la mayor cantidad de puntos invirtiendo el menor tiempo posible en cada tema. Así que el estudiante deja para el final las preguntas más difíciles y contesta las fáciles que valen lo mismo.

Haz lo mismo en tu trabajo cotidiano; no te distraigas en actividades poco fructíferas (las que te exigen mucho y al final retribuirán muy poco). No pases horas en juntas consensando proyectos inciertos, cuando hay otros ***vigentes*** que necesitan tu atención; no te estanques en cuestiones que valen poco o nada; no imprimas el mismo esfuerzo siempre. Aprende a discriminar cuando *debes ir con todo* y cuando *con poco es suficiente*.

Ve hacia adelante, avanza y produce. Logra una mejor posición en el tablero. Que no pase un día sin progreso. Aprende a no mirar las musarañas. Finaliza tus sesiones de correo, redes sociales, videos y cualquier otro distractor electrónico; apaga la música; apaga el celular; quita los monitores; enciende la luz; cierra la puerta y **ACOMETE**.

Termina los ciclos. No entregues un trabajo con poca calidad. Sé formal en tus compromisos. Si quieres abandonar un asunto, explica tus razones y avisa con tiempo que te vas a retirar, pero mientras estés en ese lugar demuestra tu grandeza. Acomete con fuerza, como dice Pedro B. Palacios, "que muerda y vocifere vengadora, ya rodando en el suelo tu cabeza".

Ése es el quinto motor de rendimiento: **PLANEA TIEMPOS Y ACOMETE**.

21

FACTOR "¿QUÉ SIGUE?"

Regresé a Guadalajara. La segunda sesión en el teatro fue mucho mejor; el equipo de mantenimiento desempolvó el sitio y lo adornó con flores; ya no olía a humedad. La gente mostraba un interés creciente; se preguntaba **"¿QUÉ SIGUE?"**. Era una buena señal.

Al realizar una labor concéntrate en ella, disfrútala intensamente, ¡pero apenas inicies la cuarta parte de la actividad, comienza a pensar en lo que sigue! Es un poderosísimo **MOTOR DE RENDIMIENTO.**

El jinete de salto mira el obstáculo, se concentra en la distancia, pone el caballo en una cadencia correcta, lo recoge, lo impulsa, lo acompaña, y justo *cuando va saltando,* gira la cabeza para mirar *el siguiente obstáculo.* Ni siquiera ha franqueado por completo un oxer cuando ya está planeando su trayectoria hacia el otro.

Ésa es una parte fundamental del **TIMING**. Tener **CADENCIA DE DESPLAZAMIENTO**: Permanecer en ruta, cubriendo objetivos, mirando el reloj y preguntándote **¿QUÉ SIGUE? ¿QUÉ SIGUE? ¿QUÉ SIGUE?**

Las pérdidas ocurren en los intervalos. Cuando realizamos algo bueno (un trabajo, un reporte, un proyecto) nos encanta revisarlo y contemplarlo. Pero a veces perdemos de vista la fina línea que divide "el trabajo necesario" del "ego por admirar lo que hicimos". Nos gusta presumir los logros, retocarlos, enmarcarlos y esperar a que nos feliciten por ellos. Lo mismo hacemos con los errores (propios o ajenos); caemos en un diálogo mental pernicioso, buscando culpables, regañando, repasando la falla y castigándonos (o castigando a otros). Eso es un proceso de estancamiento. Podríamos llamarle **EL FACTOR "¿QUÉ PASÓ?"** Las personas y corporaciones estancadas, que no pueden progresar, se preguntan todo el tiempo ¿qué pasó?, ¿qué pasó?, ¿qué pasó?, y se paralizan. ¡Arráncate ese mal hábito de tajo! Memoriza este axioma: **Si ya está hecho, ya se hizo.** Obtén la enseñanza de los errores, capitaliza el pasado creciendo; disfruta intensamente el presente, mira el reloj, observa hacia delante y vuelve a preguntarte: **¿QUÉ SIGUE?** Solo ganarás productividad si adquieres el hábito de terminar una acción **y comenzar otra de inmediato**.

> Te platiqué de una ocasión en la que tenía una cita importante, pero llegué tarde por **RUMIAR EL PASADO** al no *apresurarme* a subir al puente a tiempo. ¡De regreso me sucedió lo mismo! Otra vez, **RUMIANDO EL PASADO** volví a perder la entrada al puente al *ir demasiado rápido*. ¿Sabes lo que falló en mi mente en ambos casos? No preguntarme **¿QUÉ SIGUE?**

Si ves a un compañero de trabajo presumiendo, jactándose de lo que hizo o armando una cacería de brujas (preguntando **¿QUÉ PASÓ?, ¿QUÉ PASÓ?**), para castigar a alguien por errores de los que todos aprendieron la lección, ponle un alto y ayúdalo a enfocarse en las palabras mágicas del **TIMING;** nuestro sexto motor de rendimiento: **¿QUÉ SIGUE**?

Por eso le pregunté a Joch, *qué seguía* en su vida. Y él me reiteró que deseaba volver a conquistar a su esposa, pero estaba esperando el momento oportuno para hablarle. Yo me desesperé.

—Joch, tú fuiste un gran líder —le dije—. Comandabas con éxito un equipo enorme de trabajadores difíciles. Te caracterizabas por tu arrojo y valor. Luego te fuiste a un barranco mental del que no has podido salir; ¡pero ya basta! Para empezar, no puedes comportarte como un cobarde ante la mujer que amas. Deja de culparte por el accidente y comprende que con los elementos, la experiencia y las emociones que tenías, hiciste lo mejor que pudiste, y que si regresáramos el tiempo todo volvería a ocurrir exactamente igual. Aprende del pasado y abandónalo. Mira hacia adelante. Pregúntate ¿QUÉ SIGUE? Sé hombre. ¡Habla con Isabel!

—Otro día. Hoy no tengo tiempo. Ella tampoco, de seguro.

—Ven —lo tomé del brazo para obligarlo a caminar—. Siempre tenemos tiempo para lo que nos importa. Tu agenda la controlas tú.

22

CONTROLAR LA AGENDA

Hace poco me invitaron a formar parte de un proyecto de asesorías a alto nivel. La paga económica era simbólica, pero la capacidad de ayuda a la sociedad era muy alta. Cuando me explicaron que para ese proyecto estaban invitando a varios especialistas muy importantes, pregunté:

—¿Y cómo van a lograr que sus invitados tengan el tiempo para participar en algo así? ¡Son gente muy exitosa y por ende, ocupada!

Entonces me contestaron con un argumento que jamás olvidaré:

—Las personas exitosas son excelentes inversionistas de su tiempo; todas tienen una agenda saturada, pero la controlan, saben organizarse y siempre pueden hacer las cosas que les interesan...

El corolario funciona en sentido opuesto: Las personas fracasadas son malas inversionistas del tiempo, esclavas de una agenda que no pueden controlar, sin capacidad para hacer las cosas que les interesan.

Ante tales premisas acepté la invitación.

¿Conoces a alguien que nunca tiene tiempo? ¿Eres uno de ellos? La **PERSONA DE ALTO RENDIMIENTO** *siempre tiene* *tiempo,* aunque lo valora tanto que no se lo regala a cualquiera. El tiempo es un recurso que se invierte con el propósito específico ¡*de obtener más tiempo*! Si no tenemos tiempo es porque lo desperdiciamos. Observa cómo *invirtiendo el tiempo ganamos tiempo*:

- El padre que dedica treinta minutos diarios a su hijo adolescente, charla con él, le brinda respaldo y le enseña un oficio, logra que el joven se convierta en un hombre próspero e independiente. Eso le retribuye al papá mucho tiempo libre y tranquilidad después.
- El padre que argumenta estar demasiado ocupado y jamás dedica tiempo a su hijo adolescente, provoca que el muchacho caiga en una espiral de errores. Entonces quizá el padre se vea obligado a perder cinco veces más tiempo luchando para sacar a su hijo de la cárcel o de alguna adicción.

Para tu empresa, el activo de más valor es el tiempo: Los plazos de entrega; los días de pagos y cobros; las oportunidades de un mercado ávido de ciertos productos que debemos sacar *en el momento exacto*; los ciclos que se cierran y se abren *en instantes precisos*.

Identifica lo importante: Hazte el hábito de elegir pocas metas para cada lapso. Dedícate a ellas con pasión. Comunícaselas a tus colaboradores. Esas metas representan el *20% de acciones que te reportarán el 80% de los frutos*. De toda tu lista de pendientes halla el 20% de actividades que representan el 80% de tus **RESULTADOS PRODUCTIVOS**.

Brian Tracy le llama "los grandes sapos" y sugiere que debemos tragárnoslos en cuanto los identifiquemos. Por lo común, esos sapos (los trabajos pendientes de mayor importancia) son los más difíciles de tragar y los que más tiempo nos exigen para cocinarse. Márcalos con rojo y ve por ellos de inmediato. No postergues. Solo cuando termines de hacer el 20% de cosas importantes, dedícate a las demás.

La mañana es oro. Si inviertes bien tu tiempo *en las primeras horas de la mañana,* terminas tus pendientes antes de que los demás hayan comenzado. Duérmete temprano y comienza temprano. *Lograrás mucho más de 7 a 11 que de 11 a 7.* Jamás lo olvides.

Por lo que más quieras, también descansa. Planea vacaciones. El tiempo bien invertido en el trabajo ***debe*** **retribuirte con más tiempo para que puedas usarlo como te plazca**. *Aprende a relajarte incluso en la rutina diaria*. Todos los días destina al menos dos horas de descanso consciente (además de tus ocho de sueño), en las que no trabajes: en esas dos horas podrías visitar a tus padres, salir a caminar, ir a cenar con tu pareja, leer un buen libro, charlar con tus hijos, jugar fútbol en la calle con los albañiles de la construcción cercana, acostarte en el jardín a contemplar las nubes, ir al cine ¡o cualquier otra actividad que te relaje! Descansar es un privilegio de equilibrio que solo pueden darse las **PERSONAS ALTAMENTE PRODUCTIVAS**.

Éste es el séptimo motor de rendimiento. **CONTROLA TU AGENDA**.

Un poco obligado, Joch se animó a tomar las riendas de su agenda. Entró a la oficina de Isabel. Yo lo seguí y me atreví a dar un exordio de intermediario:

—Disculpa que me entrometa en este asunto, Isabel, pero el método que estamos aprendiendo debe aplicarse en todas las áreas de la vida. Sobre todo en la personal. Por lo que entiendo, ustedes están casados, pero se separaron a causa de que Joch, después del accidente, se volvió alcohólico, grosero y agresivo. Te insultó varias veces. Sin embargo, él parece tener una nueva visión del futuro. Sería bueno que charlaran.

Ella frunció las cejas y se puso de pie.

—Gracias por la intención, Carlos. Pero, con todo respeto, tú no sabes nada.

Al verla tan afectada me di cuenta que, en efecto, estaba tratando de empujarlos a algo cuyos detalles desconocía. Mi TIMING se encontraba adelantado. Me quedé quieto, sin saber qué decir. Joch aprovechó para protestar e Isabel respondió. Comenzaron a discutir.

Me ignoraron. Era un buen comienzo.

Salí del recinto. En el elevador de las oficinas hallé al GJ-TS. Camilo venía detrás de él, cargándole el portafolios.

—¿Te vas? —me preguntó el gigantón.

—Sí. Nos vemos dentro de ocho días.

—El curso que estás dando es interesante —comentó sin que yo le preguntara—, pero no te auguro mucho éxito; ya hemos tenido capacitaciones de este tipo y, a la larga, todo termina siendo igual.

—Tienes toda la razón. Aprender sobre TIMING tampoco servirá de nada, a menos que la gente practique los conceptos. Como se dice por ahí. Los tres requisitos para dominar algo son: número uno, práctica; número dos, práctica y número tres, práctica. La clave para adquirir éstas y cualesquier otras habilidades es hacer lo que se llama "horas de vuelo".

23

HACER HORAS DE VUELO

En un vuelo a Tampico, había mal clima. Dos veces el avión tocó piso y una racha de viento cruzado lo sacó de la pista. El piloto elevó la aeronave. En el tercer intento, hizo algo inaudito. Se aproximó a tierra a una velocidad altísima. Pensé que nos estrellaríamos, pero no fue así. El avión necesitaba esa velocidad para contrarrestar el vendaval. Aterrizamos a unos trescientos kilómetros por hora y luego frenamos en seco. Durante varios minutos nadie se movió. Los pasajeros estábamos sin resuello. Tardé en recuperarme. Fui de los últimos pasajeros en abandonar el avión. Me topé con el piloto al salir. Quise reclamarle, pero tartamudeé: "u... usted tie... tiene mucha habilidad para pilotar esta cosa", y él me contestó: "Lo que tengo son ***horas de vuelo***".

Hacer **HORAS DE VUELO** es otro poderoso motor de rendimiento. Cada día, a partir de hoy:

Practica ANTICIPAR HORARIOS. Hazte una persona experta en la aritmética de calcular tiempos. Siempre llega temprano. Imponte cero tolerancia a la impuntualidad.

Lleva tu lista de pendientes contigo. Revísala de vez en vez; ve poniendo una palomita a cada renglón cuando termines. Si haces algo que no estaba en tu lista, anótalo después de haberlo hecho y ponle palomita. (Muchas veces parecerá que hiciste poco de lo planeado, porque en realidad realizaste otros pendientes que habías olvidado anotar).

Incluye estas frases a tu GESTIÓN DE CREENCIAS e imbúyelas en tu **MENTE SUBCONSCIENTE** hasta que formen parte de ti: *No postergo. Trabajo rápido. No divago, no pierdo tiempo. Termino puntualmente lo que empiezo. El orden de mis cosas refleja el orden de mis ideas, por eso me doy tiempo para ordenar mi entorno. Emprendo aventuras osadas e intrépidas. No me culpo por errores del pasado; los identifico y me enfoco en no volverlos a cometer. Soy un nuevo ser humano a diario. Realizo todo con excelencia y pasión.*

La idea me llegó como un balde de agua helada que cae sobre mi cabeza de forma súbita. Era media noche. Me incorporé de un salto y encendí la luz. Mi esposa despertó alarmada.

—¿Estás bien? ¿Qué te pasa?

—Disculpa. Tuve un pensamiento...

Al ver que tomaba papel y pluma, volvió a recostarse.

—Me asustaste —reprochó—. No sabía que estabas escribiendo otro libro.

Ella había tenido que aprender a coexistir con alguien que vive, de día y de noche, las escenas de sus novelas como si fueran propias. Pero esta vez yo no estaba tratando de descifrar la espesura de tramas que dan forma a mis historias. Era la vida real. Joch e Isabel.

Recopilé algunas frases de mi memoria y las puse por escrito. Sentí un estremecimiento al verlas con todas sus letras.

«El accidente marcó el principio del fin».

«Era divorciada; con un hijo adolescente rebelde y asmático. Me hice amigo de su hijo. Me convertí en su figura paterna. Le enseñé a trabajar».

«¡No te imaginas cuánto perjudicó a Isabel ese accidente!».

«Pedí voluntarios. Solo levantó la mano un jovencito de dieciocho años llamado Alex. Aprendiz. No se lo permití. Alex Iba conmigo y estaba bajo mi cargo. Jamás arriesgaría a Alex».

«Alex se metió al agua y uno de los troncos lo golpeó».

«¿Cómo puedo hacer para que Isabel me perdone?».

«Alguien murió en el accidente. Un joven aprendiz. Se llamaba Alex».

TERMINOLOGÍA

Con base en lo estudiado y en tus propias reflexiones, define las siguientes palabras. Haz este ejercicio con honestidad; (al final del curso compara tus respuestas con el GLOSARIO OFICIAL COMPLETO que puedes descargar en WWW.METODOTIMING.COM).

A partir de hoy, usa los términos en tu vocabulario diario:

- *(29)* HACER LA TAREA.
- *(30)* GUIANDO A OTROS, HACER MEJOR LA TAREA.
- *(31)* BUEN RUMBO.
- *(32)* ACORTAR PLAZOS.
- *(33)* PLANEAR TIEMPOS.
- *(34)* ACOMETER.
- *(35)* TERMINAR CICLOS.
- *(36)* FACTOR ¿QUÉ SIGUE?
- *(37)* FACTOR ¿QUÉ PASÓ?
- *(38)* CONTROLAR LA AGENDA.
- *(39)* LA MAÑANA ES ORO.
- *(40)* HORAS DE VUELO.

4ª SEMANA

COMUNICACIÓN PODEROSA

Estás en RP+ ⇨ **GESTIONAS CON CALIDAD** ⇨ **POTENCIAS TU RENDIMIENTO** ⇨ ha llegado el momento de **COMUNICARTE CON PODER.**

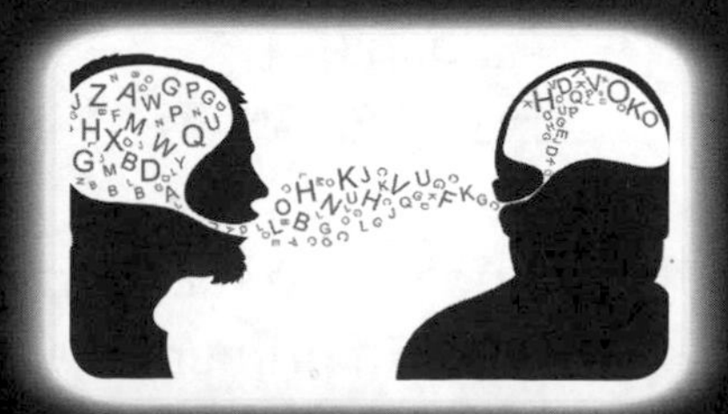

24

COMUNICACIÓN CONFIABLE

En las organizaciones hay muchos PROBLEMAS DE RETROCESO. Pero los más grandes, comunes y complejos tienen que ver con la COMUNICACIÓN. ¿Algunos ejemplos?

—Mensajes deformados por rumores.
—Malos entendidos.
—Chismes, habladurías o murmuraciones.
—Críticas hirientes.
—Calumnias, difamaciones.
—Datos falseados o incompletos.
—La gente no entendió lo que debía hacer o lo entendió mal.
—Personas disgustadas porque no se les informa lo que sucede.

A causa de la mala comunicación, todo se complica en las relaciones humanas:

—Las parejas se divorcian.
—Los hijos se vuelven en contra de sus padres y viceversa.
—Los empresarios despiden buenos empleados.
—Los buenos empleados comienzan a dar malos resultados.
—Las personas se ponen en guerra entre sí.

Eso no puede sucederte. Necesitas saber COMUNICARTE CON PODER. En primer lugar:

La gente debe confiar en ti. De hecho, todos consideramos que las personas son mentirosas hasta que demuestren lo contrario. Por eso hemos aprendido a percibir señales en los gestos, tonos de voz y ritmo de la gente. Somos desconfiados. ¡Ya nos han mentido demasiadas veces para pecar de ingenuos!

Joch fue educado a la vieja usanza del machismo provinciano; de joven su padre le enseñó a visitar cantinas y convivir con mujeres de cabaret. Cuando se casó con Isabel abandonó esas prácticas, pero quiso apadrinar a Alex en la vida "masculina", lo llevó un par de veces a *divertirse*. Joch le mintió a Isabel. Sin embargo ella se enteró, a través de otro compañero, de las escapadas de su marido e hijo... Los confrontó y Joch le mintió otra vez. Isabel se enfureció y le prohibió a Joch salir con su hijo.

El día del accidente, ella creía que Alex estaba en casa. Joch lo llevó con él sin avisarle a su esposa.

Cuando Isabel me dijo "tú no sabes nada", se refería precisamente a eso: *Joch le había mentido varias veces*.

Si tu oyente tiene la sospecha de que mientes, finges o eres incoherente, experimentará **DESCONFIANZA POR INCONSISTENCIA** y te dará la espalda. Tú harías lo mismo.

"Me convenciste; sé que dices la verdad", es el mejor elogio que alguien puede decirte. Para lograr eso, te recomiendo lo más simple y efectivo: ***que siempre digas la verdad***. Algunos autoproclamados maestros de la manipulación te aconsejan: «Finge; la vida es como una obra de teatro; representa papeles; que nadie sepa quién eres en realidad; vuélvete indescifrable». A la luz del **TIMING** esa filosofía es profundamente ineficaz.

El PRINCIPIO DE VERACIDAD dice: «la verdad siempre sale a la luz; se abre paso rabiosamente; es imposible contenerla».

Un mentiroso tiene dos desgracias: nadie cree en él y él no cree en nadie; ni en sí mismo; sabe que es una persona inconsistente, deshonesta. ¿Cómo puede hacer negocios alguien que no cree en sí mismo? Si piensas que tus mentirillas no se descubrirán o que te saldrás con la tuya dando información falseada, eres ignorante de las leyes sociales. La verdad sale a flote y te descubre.

25

COMUNICACIÓN SIN SOBERBIA

Telefoneé desde México a la empresa de Joch. Pedí hablar con él. Me contestó Camilo, el asistente del GJ-TS.

—Joch no está en las oficinas —me dijo—, creo que anda visitando clientes.

—¿Todavía lo tienen en el "rincón de improductivo"?

—Sí. Pero al menos ya le pusieron lámpara y teléfono. ¿Quieres dejarle recado?

—Dile que me llame. Me urge hablar con él.

En ese momento se escuchó un grito horrísono del *toro sentado*. Estaba llamando a Camilo.

—¡Tengo que colgar! Mi jefe necesita algo.

—Espera. Camilo. Quiero que hagas otra cosa. Ahora por ti mismo. Entabla un diálogo amistoso con tu jefe y dile que no te gusta que te grite. Ustedes deben lograr comunicarse EN TIMING.

Volvió a oírse el mugido del *hombre buey*.

—Ya me tengo que ir. De verdad. Mi jefe es muy egocéntrico. No se puede hablar con él.

Camilo lo expresó bien. El egocentrismo bloquea la comunicación. Analiza esto:

¿Por qué expresas tus ideas y escuchas las de otros? Por una sola razón: **DAR Y RECIBIR**. Así de simple. Te comunicas para **DAR ALGO** de ti y para **RECIBIR ALGO** de los demás, sabiendo que en el intercambio podrías aliarte con tu prójimo y crecer. Pero esa alianza requiere, por fuerza, un toque de humildad; la convicción de que puedes aprender del otro y que el otro es digno merecedor de tus ideas...

En los momentos de egolatría insana, hacemos esto:

► No queremos dar nada de nosotros mismos a los demás: nos encerramos negándonos a hablar. *Soberbia.*

► Creemos que sabemos mucho y que la otra persona no nos entenderá o no merece escuchar nuestra sabiduría inmensurable: hablamos poco y con parquedad. *Soberbia.*

► Estamos convencidos de tener la razón absoluta y que los demás están equivocados: hablamos con jactancia, pero no escuchamos. *Soberbia.*

► Creemos que lo único importante del mundo son nuestras ideas: las pregonamos sin aceptar críticas o retroalimentación. *Soberbia.*

Para comunicarte con poder, necesitas sencillez: ¡Debes querer a las personas! No tratar de usarlas o manipularlas. ¿Cómo puede un patrón comunicarse con empleados a los que reprueba? ¿Cómo puede un trabajador o estudiante comunicarse con un colega que odia? Baja tu egocentrismo de nivel para que llegues a COMUNICARTE CON PODER.

26

COMUNICACIÓN EMPÁTICA

Después del accidente, Joch estuvo internado por varias semanas en un hospital. No pudo asistir a los servicios fúnebres de Alex. Supo que fueron extremadamente tristes. También supo que Isabel estaba desecha. Si alguien no podía comprender lo sucedido era ella. De un día para otro su vida había dado un giro radical.

Aunque Joch tuvo decenas de visitas en el hospital cada día, y sus padres lo acompañaron de forma permanente, Isabel jamás lo visitó. Ni siquiera cuando estuvo en la etapa más crítica y los médicos le anunciaron que quizá necesitarían amputarle una pierna.

Su recuperación fue dolorosa. Sobre todo por esa sensación aciaga de soledad y culpa que le carcomía el alma.

La tarde en que lo dieron de alta, Isabel apareció en la recepción del hospital. Todavía vestía de negro. Joch quiso abrazarla y ella lo rechazó. Isabel no deseaba escuchar explicaciones. Había decidido detestar a Joch. Así de simple. Su desprecio hacia él era consciente. Voluntario. Sólo había acudido para decirle que deseaba divorciarse. Entonces Joch, en respuesta, se enfureció; perdió los estribos; le gritó y la insultó. El odio de uno se le transmitió al otro. Así suele suceder.

SE LLAMA "LEY DE RECIPROCIDAD": Por cada juicio que generamos hacia una persona, esa persona genera un juicio similar hacia nosotros. Cuando alguien te desagrada, tú le desagradas. Si Fulanito te cae mal y quieres revertir los efectos nocivos de la LEY DE RECIPROCIDAD, necesitas *comprender* sus percepciones, miedos y derechos. Solo si logras que te caiga bien, tú también le caerás bien.

EMPATÍA ES: "identificación mental y afectiva de un sujeto con el estado de ánimo de otro". Así que para lograr empatía necesitas buscar esa IDENTIFICACIÓN MENTAL con el vecino. Deja de ver sus errores y enfocarte en sus cualidades. Detén ese diálogo de crítica que mantienes en secreto cuando ves a una persona que te desagrada. Cámbialo por otro de empatía. Puedes modificar a voluntad tu adjetivación mental hacia la gente. Los pensamientos que te permites son potenciadores de ritmo. Por tus malos pensamientos pasas tanto tiempo en **RN**-. Haz la prueba y cambia el patrón. Cada vez que vengan a tu mente juicios severos contra alguien, detenlos y contrarréstalos poniéndote del lado de esa persona. Se puede. Y se debe. Todos tenemos virtudes. Búscalas, encuéntralas y enfócate en ellas.

Mi ejercicio mental más intenso, antes de salir al escenario en una conferencia, es conectarme con el alma de la gente que me escuchará. Visualizo sus problemas, sus tristezas, su soledad secreta y su buen corazón. Me concentro en amarla. Me convenzo de que no han venido a juzgarme, criticarme o molestarme, sino que están ahí porque en lo más hondo de su ser necesitan palabras de esperanza para seguir enfrentando sus retos. Si logro generar dentro de mi mente ideas positivas y de afecto genuino hacia mi auditorio, ellos lo perciben y todos entramos en TIMING casi de inmediato.

¿Recuerdas al padre gruñón? (El que le explica a su hijo cómo navegar en Internet, usando formas groseras). El niño maltratado experimenta **DESCONFIANZA POR INCONSISTENCIA** pues "la verdad siempre sale a la luz; se abre paso rabiosamente; es imposible contenerla". Y la verdad de un padre gritón o impaciente es simple: **piensa solo en él, es egoísta y considera a su hijo un tonto.** Pero lo más interesante aquí es que las creencias paternas, además de lastimar emocionalmente al niño, crean en él ideas similares.

La LEY DE RECIPROCIDAD es implacable. El jovencito crecerá creyendo que su papá es un tonto y que para sobrevivir también debe ser egoísta. Entonces copiará las formas de su padre: se volverá abusón y grosero con otros niños más débiles.

27

COMUNICACIÓN CARA A CARA

Joch me devolvió la llamada. Al fin pude decirle:

—No pude dormir anoche, desperté sobresaltado. Soñé con Isabel, contigo —hice una pausa dudando en decirlo de golpe—, y con Alex —me animé—. El hijo de ella.

—No eres el único que tiene pesadillas. Yo veo a Alex casi todas las noches, en sueños, con su cabello flotando en el agua, dándome la mano desde la superficie.

Imaginé el cuadro y sentí un escalofrío.

—Joch, la última vez que te vi con Isabel, estaban charlando; bueno, discutiendo en la oficina. ¿Pudieron desahogarse?

—No, amigo. Apenas te fuiste, nuestra comunicación se cortó y volvimos cada uno a nuestras labores.

—¡Pero el accidente sucedió hace más de seis meses! ¿Han podido sentarse a platicar del tema?

—Desde que nos separamos, ella y yo solo nos comunicamos por e mail, ya sabes, cosas de trabajo; aunque de forma muy eventual comentamos asuntos personales, siempre lo hacemos por correo electrónico o enviándonos mensajes de celular. Jamás hablamos.

Esa era la razón por la que esa pareja estaba al borde del colapso.

Repasemos: Si eres una persona confiable (que dice la verdad), sencilla (no soberbia), empática (tienes buenos sentimientos hacia los demás). **¡AHORA SÉ VALIENTE Y DA LA CARA**! No te escondas detrás de los correos electrónicos. No huyas de las charlas personales poniendo de excusa tus múltiples ocupaciones.

Para MANEJAR PROBLEMAS hay que DAR LA CARA. En las empresas, demasiados proyectos quedan truncados o son malentendidos porque se expresan por mensajitos. Muchas buenas ideas jamás prosperan porque los creadores no se atreven a tocar la puerta del despacho de al lado y exponerlas. Es un vicio muy difundido. Las personas no suelen hablar de frente. ***Se esconden.***

Hay *sultanes* que ponen mil obstáculos a sus **CLIENTES, PROVEEDORES, JEFES Y COMPAÑEROS** obligándolos a ***dejarles recado.*** Siempre se fingen ocupados y sólo se comunican esporádicamente mediante correos electrónicos escuetos. Si quieres hablar con uno de ellos, tendrás que insistir muchísimo, gritar, exigir o seducir a su asistente. Entonces te dará una cita lejana (quizá se gastará la broma de fijar la reunión para dentro de varias semanas), y cuando llegues a verlo, de todos modos te hará esperar una hora, te tratará con descortesía, distracciones y prisas.

Querido lector, ¿conoces a alguien así? Ese tipo de personas está por todos lados; más cerca de lo que crees. Tan cerca que para ver una, solo tendrías que detener la lectura, sacar un espejo y ponerlo frente a ti. De acuerdo. Tal vez tus hábitos de esconderte no sean tan graves, ¡pero reconócelo, en mayor o menor medida, has heredado esa forma cultural de protegerte del estrés y ***NO DAR LA CARA***!

Así que voy a lanzarte un reto. Solo si eres valiente lo vas a poder realizar. Habla con tus colaboradores para establecer que a partir de ahora eliminarás las barreras que impiden a la gente llegar a ti. Y como éste método es muy práctico, usaremos un indicativo concreto, la barrera más común: ***cuando alguien conteste tus llamadas telefónicas ya no preguntará ¿DE PARTE DE QUIÉN?*** Ya no te dará un recado que te permita decidir si quieres o no contestar.

¿Tu equipo está preparado para manejar problemas? Entonces, cuando suene el teléfono, simplemente pasen la llamada al destinatario y hagan que responda ***sin esconderse***. Sé ejemplo. Es difícil, pero factible.

Institucionalmente eliminen la frase "¿de parte de quién?", y sustitúyanla por "con todo gusto, se lo comunico de inmediato". Si estás en junta o en una ocupación que no te es posible interrumpir, avisa que contestarás la llamada en media hora o tú la devolverás. Y hazlo. En el trabajo cotidiano contesta el teléfono al instante (con sus contadísimas y justificadas excepciones), pero sobre todo atiende a la gente que toca a tu puerta; levántate de tu silla y visita personalmente a quienes quieras decirles algo importante. ¡Háblales **CARA A CARA**! ¡DEJA DE ESCONDERTE!

LAS PERSONAS QUE MANEJAN PROBLEMAS, COMUNICÁNDOSE DE FRENTE, SE VUELVEN INDISPENSABLES.

Todos los días, dialoga en tiempo real con tus colaboradores. Organiza juntas breves para que los miembros del equipo digan sus ideas y avances de viva voz. Y después CIERRA EL CICLO, ***ahora sí, redacta la minuta de lo que se habló***.

Después de hablar, escribe el resumen de lo hablado. Es importante. Los pendientes y convenios previamente acordados deben quedar por escrito. Envíale el documento a los interesados. ¡Para eso se usa el *e mail*! Para hacer un registro objetivo de las conversaciones y comprobar que todos entendieron lo mismo.

28

COMUNICACIÓN COMPROBATORIA

Los pilotos de aeronaves tienen un código que los obliga a repetir el mensaje que escucharon. Se llama **COMUNICACIÓN COMPROBATORIA**. Ejemplo:

PILOTO: Aquí uno cinco nueve, iniciando aproximación.
TORRE DE CONTROL: Uno cinco nueve reduzca velocidad a ciento sesenta nudos.
PILOTO: Reduzco velocidad a ciento sesenta nudos.
TORRE DE CONTROL: Vire izquierda cinco sur, baje a dos mil pies.
PILOTO: Izquierda cinco sur, bajo a dos mil pies, tránsito a la vista.
TORRE DE CONTROL: tránsito a la vista, a la una de su posición.

Cualquier neófito dirá que ese diálogo es reiterativo. ¿Para qué repite uno todo lo que el otro le dice? ¿No sería suficiente que el piloto anunciara: "ya llegué, voy p´abajo", y que la torre contestara "bienvenido compadre, hazlo con cuidado" y listo?

USA LA COMUNICACIÓN COMPROBATORIA. Revisa que tu mensaje llegó con claridad, pregúntale al receptor qué entendió. La aviación es un trabajo de alto rendimiento. Por eso no se permiten fallas en la comunicación. El tuyo también lo es y tampoco deberías fallar.

En aquella llamada de larga distancia, le dije a Joch:

—Explícame una cosa, amigo. A pesar de que estabas "castigado por improductivo", ¡tuviste la iniciativa de contratarme y conseguir apoyo del presidente de la Compañía! Te moviste con decisión. Sin embargo, antes de la primera conferencia me dijiste: "ojalá que Isabel te escuche; *organicé este curso especialmente para ella*". A ver, Joch ¿qué quisiste decirme con eso? Creo que no entendí el mensaje.

—De acuerdo —reconoció como dispuesto a hacer una confesión—. Te comenté que yo había leído casi todos tus libros, pero en realidad solo he leído *La última oportunidad*. El del matrimonio. Donde hablas sobre el perdón y la reconstrucción de las parejas y todo eso.

—Te escucho.

—Pensé que serías un buen mediador y consejero entre ella y yo.

—¿Por qué no fuiste claro desde el principio?

—Creí que lo había sido.

La gente a tu alrededor dice cosas sin hablar. Y lo peor: a veces usa palabras diferentes a las que debería usar. Si observas que la otra persona te da respuestas confusas, detente a observarla y a escucharla. Pregúntale qué quiere decirte. Haz que repita lo que tal vez piensa que ya te dijo. Descifra los mensajes.

Una persona hambrienta puede decir: "Qué rico huele". "¿Qué hora es?" "Me duele la cabeza". "Hoy no me desayuné". Detrás de esas frases hay una señal oculta.

El mal comunicador no **DESCIFRA EL MENSAJE**; responde a la frase superficial: "¡Son las tres de la tarde!" o "¡tómate una aspirina y no me molestes!".

El buen comunicador en cambio escucha, observa y **DESCIFRA EL MENSAJE**: contesta: "tal vez tienes hambre, ve por un sándwich".

Quien está a punto de estallar, da señales anticipadas: El compañero que renuncia aventando todo, el sujeto que se suicida, el joven que cae en drogadicción, la mujer que le es infiel a su esposo... ¡Todos dan **SEÑALES**! Eso sí, ninguno dice las cosas con transparencia. Pero el verdadero comunicador **DESCIFRA LOS MENSAJES** *a tiempo*.

¡Observa a la gente con la que trabajas! ¿Alguien falta mucho, llega tarde, se muestra sarcástico, irritable, pensativo o distraído? Dice frases grises como: "estoy harto", "hoy debí quedarme en casa", "qué semana tan larga", "odio este país". Sus mensajes cargan el ambiente con una densa niebla de negativismo y todos a su alrededor se ponen de mal humor, porque el **RN-** se contagia.

Antes de ponerte a regañar, *escucha*. Haz que esa persona negativa te hable **CARA A CARA**. No trates de darle soluciones, solo escúchala y hazle preguntas adecuadas. Si sabes descifrar sus mensajes, le darás la oportunidad de desahogarse; a veces es lo único que se necesitará para destapar la olla de presión y hacer que las cosas vuelvan a la normalidad.

Nada hay más perjudicial que las emociones reprimidas. Pero una vez que se expresen (el trabajo del buen comunicador es hacer que esto ocurra de forma sana), la gente se sentirá liberada y comprendida.

29

COMUNICACIÓN PARA VENDER

Tu nivel de comunicación ha mejorado:

- ✓ Se puede confiar en ti.
- ✓ No eres soberbio(a) al charlar.
- ✓ Hablas con empatía hacia los demás.
- ✓ Te gusta conversar cara a cara.
- ✓ Usas la comunicación comprobatoria.
- ✓ Sabes escuchar y **DESCIFRAR MENSAJES**.

¡Ahora ponte al frente, toma el micrófono y véndete!

Los **INDIVIDUOS DE ALTO RENDIMIENTO** son grandes comunicadores. Todos, a su forma, dan mensajes que impactan; mueven las emociones de los demás.

¡Tus clientes necesitan que los convenzas! ¡En la junta de trabajo, cuando todos tus compañeros y jefes guardan silencio para darte la palabra, debes cautivarlos! ¡En la velada, si te encuentras a la pareja de tus sueños, necesitas expresarte y dejar de temblar como hoja! ¡En la fiesta de quince años de tu hija deberás halagar a la princesa y ahuyentar a sus pretendientes! Cuando te inviten a dar una conferencia (está de moda), quieres que tus oyentes se lleven un mensaje memorable. Además, voy a decirlo con todas sus letras: *si te comunicas mejor, ganarás más dinero*.

Para Joch, aprender este tema fue de crucial importancia cuando tuvo la oportunidad de visitar clientes potenciales. Descubrió que sin importar nuestro oficio o profesión; sin importar nuestros dones o habilidades, todos somos vendedores. Vendemos nuestras ideas, nuestras emociones, nuestros sueños. Nos vendemos diariamente a nosotros mismos y ganamos o perdemos oportunidades en función de la capacidad expresiva que hayamos desarrollado.

El instituto de Michael Gerber, hizo mediciones en las que se comprueba cómo, cambiando la forma de comunicarnos, vendemos mucho más. Por ejemplo. Cuando un cliente entra a una tienda de ropa, el vendedor suele preguntar: "¿En qué puedo ayudarle?", el cliente contesta lo usual: "Solo estoy mirando". Eso nos arroja un bajísimo nivel de ventas. Si el vendedor se capacita en comunicación poderosa puede preguntar "¿es la primera vez que nos visita?"; el cliente contestará "no" o "sí"; en ambos casos el vendedor le dirá: "que bien, porque hoy tenemos un programa de descuentos especiales para personas que (no o sí) nos habían visitado antes". Entonces tendrá la oportunidad de exponerle la oferta de productos. Esas simples palabras elevan la venta (comprobado) en 12 por ciento de inmediato.

Las palabras correctas se convierten en dinero. El principal reto para una persona o empresa de alto rendimiento es persuadir a otros para que le paguen por sus productos o servicios. Tu principal reto profesional es **saberte vender**.

30

CONVICCIONES DEL BUEN COMUNICADOR

Dos días después, Joch me llamó por teléfono de nuevo. Me dijo con furor:

—La empresa se encuentra en un momento muy crítico ¡y yo también!

—¿Qué pasa?

—Mañana se llevará a cabo una asamblea urgente; vendrán todos los accionistas y directivos de la empresa; además, delegados del sector gubernamental que supuestamente quieren ayudarnos, pero a mí me suena más a una especie de corte marcial. Se hablará del accidente; qué lo originó y sus consecuencias. Como responsable, debo dar explicaciones. Tendré que pararme frente a todos, pero yo no sé hablar en público. Soy malo para el micrófono. Jamás he sabido expresarme ante muchos oyentes.

—Relájate. Organiza tus ideas. Piensa que puedes hacerlo y lo harás bien.

—Se supone que los amigos están juntos en los momentos difíciles, ¿o no?

Tenía razón. Miré el reloj. Iban a dar las cinco de la tarde. Aún podría alcanzar un vuelo a Guadalajara.

Para vender, tienes que hablar frente a las personas; dar pequeños o grandes discursos, subirte al estrado, tomar el micrófono, soportar el calor de los reflectores sobre ti y el silencio de la gente que te observa con los brazos cruzados.

¿Cómo te ves a ti mismo(a) en el área de oratoria? Tus creencias te respaldan. ¿Eres de los (las) que, "no hablan en público"? ¿Te tiembla la voz? ¿Sueles susurrar y se te tropieza la lengua? ¡Esos son estigmas de un fracasado! No van contigo. Prepara tu discurso, pero sobre todo prepara tu mentalidad. Es imposible fingir que eres gran comunicador(a). ***Lo eres o no lo eres***. Tu **TIMING** se percibe en el aire. Es dos más dos: Si vas a decir algo, ***cree*** que tienes el derecho, la autoridad y la capacidad para hacerlo.

Decide convertirte (sí, es cuestión de decidirse): en una persona enérgica, valiente, distinguida y segura. No adoptes una apariencia bonachona, temerosa o sumisa. Recuerda que aún en silencio reflejarás lo que llevas dentro. Adopta y establece para ti el siguiente código de **CONVICCIONES**:

> *Sé hablar en público; cuando lo hago soy natural y tengo seguridad; no sobreactúo. Uso frases categóricas, exactas; no redundo. Creo conexiones y puentes de relación. Doy muchos ejemplos, pero me concentro en el mensaje central; lo reitero hasta que queda claro. Cuido la tesitura de mi voz; sé escucharme y ecualizarme. Jamás hablo frente a un micrófono con "las pilas bajas". Reflejo seguridad y fuerza; tengo el control; no me dejo intimidar ni busco caer bien a ultranza. Mi comunicación logra resultados extraordinarios.*

31

MOTORES DE RENDIMIENTO PARA HABLAR EN PÚBLICO

Joch me recibió en el aeropuerto. Fuimos en taxi a la casa de sus padres donde se hospedaba. El inmueble era pequeño.

Había ropa apilada por todos lados, cajas de mudanza listas para (no supe determinar) entrar o salir. Sobre el sillón de la sala, una almohada y cobijas dobladas a toda prisa; seguramente Joch dormía ahí. Su madre anciana me dio la bienvenida. Era una mujer rolliza de cabello escaso teñido de color naranja.

—Gracias por visitarnos. Disculpe el tiradero. ¿Gusta un café?

—No se moleste. Muchas gracias. Joch y yo aprovecharemos el tiempo —me dirigí a la mesa del comedor—, tenemos un discurso que preparar.

—Sí, ya me platicó lo que está sucediendo. Los dejo. —La mujer nos dio la espalda para organizar los trastos de la estufa. Me asombró su lucidez y cortesía. Joch sacó algunas notas.

—He pensado —su voz sonaba temerosa—, que mañana en la asamblea debo justificar los actos que precedieron al accidente. No mostrar culpabilidad. Algunas mentirillas blancas pueden librarme de un castigo legal y dejar en mejor posición a la empresa. Escribí lo que pienso decir. Aquí está. En lo que necesito ayuda es en "las formas". En el «cómo» hablar para convencer.

—¿Con mentiras? Eso jamás funciona, Joch. Tendrías que tomar un curso de actuación y aún los buenos actores necesitan creer (por eso son buenos) que dicen la verdad. Amigo. Mañana, al hablar, sé tú mismo, sé sincero, sé legítimo y convéncete de que hiciste lo mejor que pudiste hacer; con tus elementos y recursos actuaste de buena fe. Convéncete de que eres un guerrero, un hombre que sabe levantarse y puede comunicarse bien; lo que creas de ti, es lo que saldrá a la luz. —Joch se había quedado estático, con gesto aterrado. Su madre se acercó y rompió el silencio.

—Voy a servirles un café. Parece que la noche será larga.

Imagina que le hablarás a un grupo importante de clientes, o a tus jefes, o a tus compañeros de trabajo. ¿Qué harás para ponerte en **RP+**? Aplica el método timing:

- **HAZ LA TAREA:** Y hazla bien. Enciérrate a solas con tus documentos, libros y pensamientos. Escribe el **ARGUMENTO** que planeas decir. Luego resúmelo en fichas o cuadros sinópticos exactamente igual que lo hacías en la escuela antes de presentar un examen oral. Practica tu discurso mientras te bañas, te vistes y manejas tu auto. **HAZ LA TAREA** y perderás el temor al micrófono porque sabrás de antemano lo que vas a decir.

- **CALCULA EL BUEN RUMBO:** Debes ser capaz de redactar con pocas palabras qué quieres que tu audiencia piense y sienta después de escucharte. ¿A dónde deseas llevarla? Esto es definir el **MENSAJE CENTRAL**. Si no te impacta y te convence a ti, ni siquiera trates de adornarlo con ejemplos. Sería como poner esferitas de Navidad a una rama seca. Lo único que importa de tu discurso es el **MENSAJE CENTRAL**. Memorízalo. Haz que todo tu material gire en torno a él.

- **ACORTA LOS PLAZOS:** Si piensas que podrías hablar, no le des vueltas al asunto. Ponle fecha y hora a tu presentación. Cuanto antes, mejor. Levanta la mano. Haz que las cosas sucedan. Toma la palabra, articula per-fec-ta-men-te y usa volumen alto.

- **PLANEA TIEMPOS Y ACOMETE:** Pregunta de cuánto tiempo dispones y enciende el cronómetro frente a ti. Entonces ve al grano, evita rodeos. Hoy en día, las comunicaciones son rápidas y eficientes.

- **CONTROLA LA PRESENTACIÓN:** Robustece tu mensaje con todos los recursos a tu alcance. Usa tablas, gráficas, fotografías, videos, música y sobre todo ejemplos; muchos ejemplos, pero no te conviertas en un narrador de cuentos o chistes. Los ejemplos o apoyos visuales son **PUENTES DE RELACIÓN,** pero ¿de qué sirve un puente que te lleva al vacío? Regresa al **MENSAJE CENTRAL** hasta que quede claro.

- **PIENSA CONSTANTEMENTE ¿QUÉ SIGUE?:** No te pierdas. No improvises. Enfócate. Apenas termines de explicar un asunto, ve al siguiente. Puntualiza. Delimita alcances, sintetiza y avanza hacia delante.

- **HAZ HORAS DE VUELO:** Para progresar hay que hablar y para hablar bien hay que hacerlo muchas veces, siempre que se pueda. Jamás lograrás los resultados de **ALTO RENDIMIENTO** en el trabajo y en la vida sin practicar (de preferencia en público y bajo presión). ¡Practica todo lo que sea importante para ti, hasta que lo domines!

El discurso de Joch, en la asamblea, convenció y conmovió. Dijo la verdad. Después de explicar los detalles técnicos del suceso infortunado, se atrevió a adicionar:

—Alex fue muy valiente al tratar de rescatarme. Nadó sobre mi cabeza y quiso darme la mano. Pocas veces he conocido a un muchacho con tanta iniciativa y entusiasmo. No saben cómo lamento que haya fallecido. Pienso en él todos los días. Algunas veces me encierro a llorar en secreto y otras hasta me he puesto a gritar. Daría todo con tal de que él estuviera aquí. Daría mi vida. Quiero pedirle públicamente perdón a mi esposa Isabel. Perdón por estar vivo. Por no haber podido ayudar a su hijo... También quiero disculparme con ustedes, amigos y compañeros, por la parte de la responsabilidad que me corresponde de ese accidente. Me conocen. Saben que siempre he sido un elemento de trabajo muy activo. Incluso fui líder de muchos, pero tengo seis meses metido en un agujero oscuro del que no puedo salir. ¡Y ya me cansé! No sé qué hacer para que me perdonen. Para volver a sentirme con derecho a vivir.

La voz de Joch se quebrantó en un sonido que controló de inmediato atenazando su tabique nasal y cerrando los ojos. Comencé a aplaudir y me puse de pie. Todos me imitaron, excepto Isabel. Ella, con el rostro desencajado, se llevó ambas manos a la cabeza y se hizo un ovillo sobre su silla.

Después de Joch, hablaron otros testigos.

Finalmente llegó el turno del jefe al que le decían *toro sentado* quien fue conminado a explicar la parte administrativa del conflicto. Comprendí muchas cosas.

—Yo autoricé la construcción de ese puente —confesó—. Le pedí al cliente sus permisos y me los mostró. Sé lo delicado que es trabajar para personas cuyo dinero puede tener procedencia dudosa. El problema es que el cliente no quiso darme copia de los permisos. Tampoco depositó el anticipo en nuestras cuentas bancarias. Me trajo dinero en efectivo. Extendí un recibo personal, hecho a mano, y acepté que el proceso se llevara a cabo sin llenar documentación oficial. No me miren así. Entregué hasta el último centavo e informé de todo a mis superiores. De cualquier manera abrí un expediente con los pedidos al almacén, las órdenes de trabajo y los bosquejos estructurales. También incluí ahí los detalles atípicos de la operación. Datos muy delicados que ahora están siendo usados en nuestra contra. Como ustedes ya saben, alguien robó el expediente.

En el ecosistema gélido y lúgubre de la sala, los presentes permanecieron como estatuas de sal. ¿El expediente fue robado? ¿Dentro de la empresa había una persona que estaba dando información a gente externa? ¿Las demandas en contra de la Compañía eran apoyadas por uno o más traidores? ¿Quiénes eran?

Eché un vistazo alrededor. Observé que Isabel se tapaba la boca con ambas manos mientras Joch se limpiaba el sudor de la frente y pedía permiso para ir al baño. Las discusiones se reiniciaron, pero me di cuenta que el director general también había notado las expresiones sospechosas de sus dos colaboradores.

TERMINOLOGÍA

Con base en lo estudiado y en tus propias reflexiones, define las siguientes palabras. Haz este ejercicio con honestidad; (al final del curso compara tus respuestas con el GLOSARIO OFICIAL COMPLETO que puedes descargar en WWW.METODOTIMING.COM).

A partir de hoy, usa los términos en tu vocabulario diario:

(41) Desconfianza por inconsistencia.
(42) Principio de veracidad.
(43) Comunicación empática.
(44) Ley de reciprocidad.
(45) Dar la cara.
(46) Comunicación comprobatoria.
(47) Descifrar mensajes.
(48) Argumento (de un discurso).
(49) Mensaje central (de un discurso).
(50) Puentes de relación.

MÉTODO TIMING

5ª SEMANA

TÁCTICAS DE UNICIDAD

Estás en RP+ ⇨ GESTIONAS TUS ACTOS, FORMAS Y CREENCIAS CON CALIDAD ⇨ **usas** MOTORES DE RENDIMIENTO ⇨ TE COMUNICAS CON PODER ⇨ ha llegado el momento de USAR TÁCTICAS DE UNICIDAD PARA CONQUISTAR EL MERCADO.

32

UNIVERSO DE CLIENTES CAUTIVOS

El director general me invitó unos minutos a su oficina.

—Quiero que intercambiemos ideas —me dijo—; ¿cómo ves las cosas? ¿Crees que Joch sea el traidor?

—No lo creo... —respondí—. En estos treinta días nos hemos hecho buenos amigos. Me consta que ama a la empresa. Pero también hay un enigma en su personalidad que todavía no puedo descifrar.

—¡Qué maldita tormenta! —exhaló como pensando en voz alta.

—Las tormentas tienen principio y fin. Pasan. Como todo. Lo importante es resistir. Dependemos de que el barco sea fuerte. De que el casco no se rompa.

—¡Pero tenemos polizones a bordo! —dio un manotazo de frustración siguiendo mi analogía—. ¿Ya te diste cuenta? Parte de nuestros propios tripulantes quieren hundirnos. Han firmado un documento para apoyar la intervención de un nuevo sindicato destructivo. Pretenden que la empresa quiebre para que algunos trabajadores puedan repartírsela. Creen que de esa manera ganarán mucho dinero. Se mueve una ola de rumores respecto a que los sueldos han estado bajos desde hace años y que los accionistas se han aprovechado de la gente. ¡Pero es un error! Yo soy un empleado, igual que todos, y puedo constatar que no hay dinero en nuestras arcas. Desde hace más de un lustro las gráficas de ventas van a la baja; apenas tenemos ingresos para pagar nóminas y deudas.

Al final, se trataba de una cuestión económica. Con frecuencia es así. Se lo dije:

—A eso me refería cuando hablé de que el casco del barco debía ser fuerte. Al dinero. A la cartera de clientes. A los ingresos. Desde mi punto de vista, tenemos que hacer que la gente cambie su enfoque. En vez de buscar culpables por un accidente lamentable, debemos unirnos para fortalecer el barco, porque si se hunde, todos nos hundimos con él, y los pedazos no le servirán a nadie.

¿Adónde nos lleva este asunto del ALTO RENDIMIENTO? ¿Adónde queremos ir? Siendo pragmáticos y dejando de lado todo el asunto de la satisfacción secreta y la realización intrínseca, tú y yo queremos ganar más dinero. ¿Y cómo logramos eso trabajando para una empresa?

Lo primero que debemos hacer es quitarnos de la mente el paradigma equivocado de que, ***si no ganamos suficiente dinero en la Compañía, es culpa del empresario o de nuestros jefes***. Por lo regular, en una empresa íntegra, donde las cosas marchan correctamente, **cuando *el dinero fluye* a todos nos va bien**; ¡para ganar más necesitamos que el dinero circule! El problema es cuando no hay flujo de efectivo. ¿Y esto por qué ocurre? Por una sola razón: *faltan clientes.* ***EL DINERO PROVIENE DE LOS CLIENTES***.

Aunque no seamos vendedores, todos contribuimos a atraer o ahuyentar clientes. Sin importar cuál sea tu labor en la organización, desde tu trinchera puedes obstruir o facilitar el flujo de dinero. ¡Ése es el mayor poder de las personas: generar riqueza o bloquearla! ¡Pero lo peor es que, a veces ni cuenta nos damos de una u otra acción! ¡Somos ignorantes respecto a las expectativas, motivaciones y necesidades de los clientes!

En esta semana descubriremos el velo de cómo lograr un **UNIVERSO DE CLIENTES CAUTIVOS.** Hacer esto es necesario para que nuestro barco desencalle y navegue por aguas más profundas. Existen algunas estrategias efectivas. Vamos a **CONQUISTAR EL MERCADO**. Pero toda conquista exige un análisis del terreno.

► Si vas a escalar el Everest, *antes* analizas su topografía, clima y peligros.

► Si vas a bucear en las profundidades del mar, *antes* estudias la física de respirar bajo presión y el equipo de buceo.

Para CONQUISTAR nuestro UNIVERSO DE CLIENTES CAUTIVOS, *antes* debemos conocer los tipos de clientes que existen. Son cuatro.

1. Vampiros

2. Sordo-ciegos

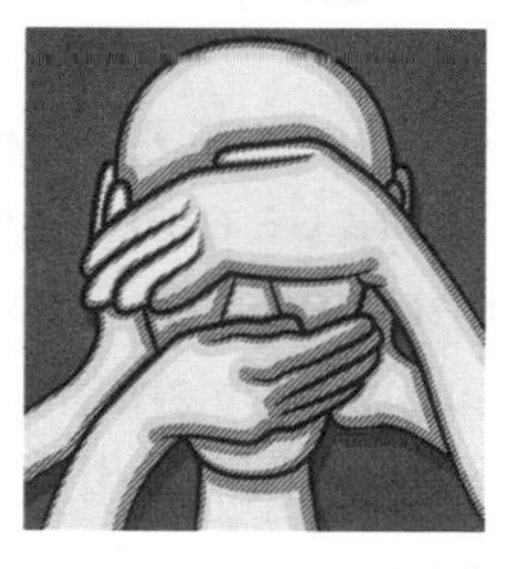

3. Buscadores

4. Fans

Definición de cliente: del latín *cliens, protegido:* «persona que depende de alguien más para satisfacer sus necesidades y que da algo a cambio por los productos o servicios que desea». Por su conducta, hay cuatro tipos de clientes.

Tu empresa hará negocios con los cuatro. Tú tendrás injerencia en ello. A cada tipo de cliente deberás tratarlo diferente, porque son diferentes.

De niño leí una novela terrorífica de Stephen King en la que todos los habitantes de un pueblo en Maine, se convertían en vampiros. El protagonista de la historia tenía que aprender a sobrevivir entre ellos.

Imagina que eres mercader en la edad media y llevas una carreta llena de mercancía. Diriges tus caballos por el único camino empedrado de la zona. Buscas clientes. Necesitas vender. Está lloviznando y comienza a anochecer. Por fin ves un pueblo a la distancia. Vas hacia él. Te detienes en la calle principal. Ya casi se ha metido el sol. Hay cientos de mercaderes, como tú, dentro de sus carruajes, pero inmóviles, en silencio. ¿Qué esperan? El pueblo parece abandonado. Al fin, el sol se oculta en el firmamento y comienzan a salir personas de las casas. De inmediato te das cuenta que son **VAMPIROS**. Te recorre un escalofrío por la piel. Los mercaderes se apresuran a abrir las lonas y exponen sus productos. Quieren venderle a los **VAMPIROS**. ¡Son muchos y parecen dispuestos a comprar! Así que te animas.

Estos clientes ni siquiera preguntan qué ofreces, solo cuánto cuesta y qué descuento les vas a hacer. Te parece extraño. Miras alrededor. Vendedores de otros carruajes parecen muy interesados en conquistar la clientela del pueblo. Se pelean por ellos *bajando los precios,* brindando ofertas y regalando objetos. ¡Ahora lo entiendes! Esos clientes desean cualquier cosa que vendas a un precio bajísimo, si se puede en abonos eternos y de preferencia "por favor que sea gratis". Después de dudarlo, decides participar y empiezas a hacer lo mismo que los otros mercaderes hasta comenzar a **sangrar**. El juego es cruel. Consiste en ver quién aguanta más sin ***desangrarse***.

Los clientes VAMPIROS no son perversos, son solo un poco insensibles y egocéntricos. Se consideran **merecedores de tu sangre**: lo quieren todo de inmediato, excelente y regalado; pero algunos son gritones y prepotentes, dicen que te van a demandar si no los atiendes como quieren. Entonces te das cuenta de que ese no es el mejor lugar para establecer tu tienda. Ahí compites incluso contra algunos proveedores deshonestos (ellos son VAMPIROS a su manera y se desenvuelven bien en ese sitio): *Vendedores de piratería, contrabando y artículos robados*. También rivalizas con mercaderes desesperados y vendedores asesinos que estarán dispuestos a matarte antes de dejar que les quites su rebanada del pastel.

Según la definición, los vampiros son "malos clientes", porque en realidad no desean depender de nuestros productos; tampoco quieren pagar por ellos. Todos tenemos experiencias lamentables con algunos.

En una cadena de televisión para la que trabajé, traté con el grupo de individuos más altanero que he conocido en mi vida. Su arrogancia como clientes era tan humillante que costaba trabajo creerlo. Aunque mi casa productora había concebido un programa de consejería serio y elegante, la televisora quería un circo de actores abordando temas morbosos, obscenos y amarillistas. Jamás he visto un nivel de vampirismo tan descarado.

En otra ocasión, uno de mis principales distribuidores de libros (¡que además era mi amigo!), optó por fabricarlos él mismo de manera subrepticia. Acabamos en un largo juicio de piratería. Nuestra sociedad quebró.

Después de exponer este tema en la empresa de Joch, uno de los empleados se acercó conmigo para preguntarme en privado:

—¿Los **CLIENTES INTERNOS** también pueden ser **VAMPIROS**?

El muchacho parecía nervioso; miraba de un lado a otro como temiendo ser castigado por hablar conmigo. Era Camilo, el asistente personal del *gran jefe toro sentado*.

—Sí, Camilo —le contesté—. Dices bien: Los **CLIENTES INTERNOS** de una empresa son los mismos empleados porque ellos consumen la esencia primaria que se produce ahí. Y en efecto, entre nuestros compañeros de trabajo puede haber gente muy abusiva.

—¿Y qué se puede hacer?

—Usa la **COMUNICACIÓN PODEROSA**. Conversa **CARA A CARA** con el vampiro. Prepara tu discurso, pero sobre todo tu mentalidad. Convéncelo de que tienes el derecho de recibir un mejor trato (primero debes estar convencido tú). Di la verdad usando ejemplos objetivos; habla sin soberbia, con empatía, pero *decidido*. Los vampiros no son tontos. Solo están confundidos. ¡Se les puede vender si tienes la paciencia y la capacidad para persuadirlos!

Camilo asintió. Parecía un niño de primaria reprobado que quiere aprender a hacer un ejercicio en el que siempre ha fallado.

¿Qué debes hacer cuando identifiques clientes VAMPIROS?

¿Huir? ¿Darles la espalda? ¿Matarlos con balas de plata?

Nada de eso. Tú eres una **PERSONA DE ALTO RENDIMIENTO**. Sabes manejar **PROBLEMAS DE PROGRESO**. El mercado de **SALEM´S LOT** es tan grande, creciente y potencialmente peligroso que si le das la espalda, tu marca o productos pueden quedar en manos de delincuentes piratas. Debes enfrentar el reto de tener presencia en ese terreno.

¿Cómo se conquista a un grupo de VAMPIROS? Convenciéndolos de ir contigo a otros pueblos.

(En nuestra metáfora, los clientes que abandonan **SALEM´S LOT**, dejan de ser **VAMPIROS** automáticamente y se convierten en **SORDO-CIEGOS**, **BUSCADORES** o **FANS**. Basta con que se muevan de lugar).

La clave con estos clientes (igual que con los otros), es demostrarles de diferentes maneras, que **SOMOS ÚNICOS** y que nadie puede ofrecerles el servicio o el producto que solo nosotros tenemos. Eso se llama **TÁCTICA DE UNICIDAD.**

Algunas TÁCTICAS DE UNICIDAD para los VAMPIROS:

- ✓ Permitir que reciban gratuitamente o a muy bajo costo ***un poquito*** de lo que vendes. Hacer que prueben.
- ✓ Generar un gancho para que se den cuenta de que tu producto o servicio es extraordinario y vale la pena conseguirlo completo. (Solo se vende en otros pueblos).
- ✓ Si a pesar de todo, un **VAMPIRO** no valora tu calidad, te insulta, o te exige que hagas cosas que van en contra de tus principios, no entres en su juego de **DISMINUIRTE ⇟ O SOBRARTE ⇞**; mantente **EN TIMING↦**: despídete de él cortésmente y sigue tu camino.

Háganse dos preguntas:

1. ¿Quiénes son sus clientes VAMPIROS?

2. ¿Qué TÁCTICA DE UNICIDAD pueden usar con ellos?

Conviene que las **PERSONAS DE ALTO RENDIMIENTO** de tu equipo se reúnan para analizar la forma adecuada de tratar a los clientes **VAMPIROS** y conquistarlos. Es un interesante reto que deben enfrentar.

34 SORDO-CIEGOS

Caminas. Llegas a un poblado en el que hay mucha gente. La plaza central está a reventar. Los individuos se mueven como marabunta. Detienes tu carruaje lleno de mercancías, abres las lonas con gran ilusión. ¡Ése es un mercado apetecible! Si al menos un diez por ciento de esa gente te comprara, lograrías salir de apuros para siempre.

Comienzas a ofrecer tus productos. Usas las mejores tácticas de ventas. Sincronizas tus **FORMAS ACTOS Y CREENCIAS** para que todos perciban la **LEGITIMIDAD DE TU OFERTA**, pero la gente ni siquiera voltea a verte. ¡Pasa junto a ti sin hacerte el menor caso! No entiendes. Observas bien. Todos llevan en la mano ¿un bastón?

> La novela de José Saramago, *Ensayo sobre la ceguera* habla de cierto lugar en el que las personas perdieron la vista por una extraña epidemia. En otra comunidad peruana de campesinos, sus pobladores padecen una enfermedad genética llamada retinitis pigmentosa. Casi todos son ciegos. ¿Será posible que estés en un sitio así?

Los posibles clientes no te ven ni te oyen. Gritas, mueves las manos y ellos, siguen su camino. Entonces comprendes que aunque sean muchos, es exactamente igual a que no hubiera nadie. Para ti es un **PUEBLO FANTASMA**.

Cada mercader encuentra su PUEBLO FANTASMA. Los ejecutivos no compran comida para bebés, los adolescentes no compran viagra, los hombres pasan de largo frente a una tienda de Victoria Secret, y las niñas ignoran las ofertas de motocicletas Kawasaki.

Para una significativa cantidad de personas, no existes. Enfréntalo. Jamás desembolsan dinero para dártelo a cambio de lo que ofreces. Es normal, te justificas (porque el *target* poblacional de un negocio es excluyente de todos aquellos que no cumplen con los requisitos de edad, sexo y nivel socioeconómico para el que está creado), pero algo te incomoda de todas formas. En el **PUEBLO FANTASMA** también abundan personas que podrían comprar tus productos y no lo hacen (o dejaron de hacerlo):

- ✓ Gente que fue maltratada por alguien de tu empresa (por eso ya no te compran).
- ✓ Personas que tuvieron la mala suerte de recibir un producto tuyo defectuoso.
- ✓ Enemigos de tu marca o amantes de tu competencia.
- ✓ Personas que han sido influidas negativamente por comentarios adversos que otros han hecho de ti.
- ✓ Gente que no se ha dado la oportunidad de conocer y disfrutar lo que vendes.
- ✓ Clientes que consideran tu producto como insulso o innecesario.

¿Qué TÁCTICAS puedes usar para los clientes SORDO-CIEGOS?
¡Hay que sacarlos de ese pueblo! Eso les abrirá los ojos y los oídos... ¿Pero cómo convencerlos de tu **UNICIDAD** para

que te sigan, si no te hacen el menor caso? Ellos tienen una peculiaridad: No te ven a ti, pero sí a otros. Ignoran tus productos, pero consumen otros. Así que la estrategia para que te vean es aparecerte asociado o unido a mercancías que ellos sí pueden ver. ¡Si surges frente a ellos en el mismo momento y lugar en que están comprando otra cosa, se darán cuenta que existes, y de que entre todos los productos, el tuyo **ES ÚNICO**!

Joch se dedicó a buscar este tipo de clientes. El estudio del curso lo hizo planear nuevas estrategias para recuperar un lugar de confianza en la Compañía. Me lo explicó así.

—Nuestra empresa está anémica. Ha sido desangrada. La veo como un organismo enfermo. Me recuerda a mí durante los días que pasé en el hospital, lamentándome por mi desgracia y sin saber lo que me deparaba el futuro. Lo que más tengo grabado, es mi sensación de debilidad. Algo que te puede matar ¿sabes? O luchas por fortalecerte o te abandonas al desaliento. Yo hice lo segundo. Tuvieron que darme medicamentos muy intensos. Esta empresa puede fortalecerse solo si le inyectamos recursos... Dinero fresco. Clientes nuevos. Hay millones de clientes potenciales alrededor. Gente que ni siquiera sabe que existimos. ¡Que no nos ve! Pero que nos necesita. ¿A quién no le hace falta en sus casas mantenimiento de plomería, electricidad, pintura, impermeabilización, albañilería? Todas las industrias vecinas requieren nuestros servicios también. Así que me he aliado con otros vendedores para grabar videos promocionales y subirlos a Internet. También, uno de los compañeros que disfruta dando charlas en público preparó mensajes de interés general que queremos difundir en la radio y en ferias de familias; yo le estoy ayudando. ¡A menos que conquistemos ese mercado de **CLIENTES SORDO-CIEGOS**, no vamos a poder ayudar a nuestra empresa!

Contesta con tu equipo dos preguntas.

1. ¿Quiénes son sus clientes SORDO-CIEGOS?

2. ¿Qué TÁCTICAS DE UNICIDAD pueden usar con ellos?

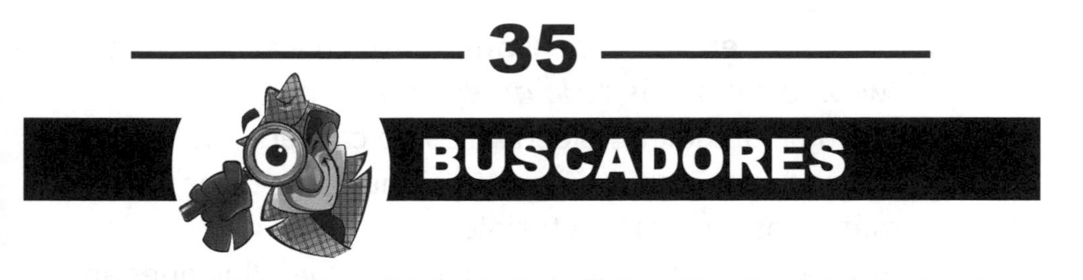

35 BUSCADORES

Sigues andando y llegas a un sitio especialmente activo. Hay música, movimiento de caballos y gente que circula por las calles con una sonrisa. Abres tu carruaje y enseñas tus productos. Las personas se acercan de inmediato. Te preguntan qué vendes. Les explicas. Escuchan con atención. Son optimistas. Están en ese pueblo de paso, porque ***buscan oro***. En algunas zonas hay pepitas del metal precioso enterradas, pero los **BUSCADORES** saben que en poco tiempo necesitarán mudarse. Por lo pronto, tienen dinero y quieren gastarlo; su carácter es aventurero, por eso **se arriesgan a confiar en ti**. Aunque TODAVÍA no te conocen, gracias a tu propaganda, tus promesas, o la referencia de otros, te creen y compran lo que les vendes. **Lo hacen para *probarte***. Ellos prueban de todo. Son **BUSCADORES**. Consideran que pueden encontrar algo **ÚNICO** en ti, pero no están seguros. Si descubren TU **UNICIDAD** y la experiencia contigo es buena, ¡te acompañarán cuando te vayas de ahí! No te dejarán, porque necesitan productos como los que ofreces; pero si los decepcionas, te darán la espalda y se irán al **PUEBLO FANTASMA** o incluso a **SALEM´S LOT**.

¿Qué hacer para conquistar a los BUSCADORES?

- ✓ Darles confianza. No los puedes abandonar ni maltratar. No los puedes ignorar cuando te piden algo o se quejan.
- ✓ Implementar programas de fidelidad, tarjetas de membresía, descuentos especiales, premios y menciones.
- ✓ Excederte en servicio, asombrarlos; hacer que digan *¡wow, esto es más de lo que yo esperaba*!
- ✓ Envío de un boletín electrónico de calidad. Publicidad dirigida, con premios y promociones especiales, informándolos de otros materiales.
- ✓ Brindarles un producto predecible. Que ellos puedan repetir la experiencia de comprarte sabiendo que siempre van a obtener exactamente lo mismo o algo mejorado.

Al terminar la conferencia, me acerqué a Isabel y la invité a cenar.

Aceptó de inmediato, como si también hubiera estado esperando el momento para charlar conmigo.

Apenas nos sentamos, ella retomó el tema de la última charla relacionándolo con su vida personal. Se lo agradecí en la mente. Me fascina poder ir al grano sin tener que pasar por los aburridos tiempos perdidos que se usan para *romper el hielo*.

—Pude verlo muy claro, Carlos —me dijo—. Dos personas que se casan son clientes mutuos. Porque la definición de cliente es «**PERSONA QUE DEPENDE DE ALGUIEN MÁS PARA SATISFACER SUS NECESIDADES Y QUE DA ALGO A CAMBIO POR LOS PRODUCTOS O SERVICIOS QUE DESEA**».

—Te la aprendiste de memoria.

—Por supuesto. El esposo es cliente de su esposa y viceversa. El hijo es cliente de sus padres y viceversa. En las relaciones familiares y sociales somos clientes los unos de los otros... Y también hay **VAMPIROS, SORDOCIEGOS, BUSCADORES Y FANS**.

—Excelente conclusión. Ahora dime, Isabel. ¿Qué clase de cliente eres tú para Joch y él para ti?

—Bueno. Hemos ido cambiando. Al momento de casarnos éramos **BUSCADORES**; estábamos dispuestos a probar y a pagar por la esperanza. Pero luego él comenzó a mentirme y a hacer cosas que me sacaron de quicio. Nos dimos la espalda y nos refugiamos en el trabajo.

—Se volvieron **SORDO-CIEGOS**.

—Sí. Luego vino el accidente... Y...

—¿Se han vuelto **VAMPIROS**?

—No sé.

—Isabel. Joch te pidió perdón en público. Se encuentra desesperado. Está rogándote a gritos que vuelvas a confiar en él. Dense la oportunidad de hablar cara a cara. **COMUNÍQUENSE CON PODER**. Escúchalo. Obsérvalo. Decodifica sus mensajes no verbales y empiecen desde el principio.

—Eso es imposible. Las parejas que se separan han sufrido muchos daños. En su historia hay cosas horribles que no se pueden olvidar.

—Nadie dijo que deben olvidar su historia. Es suya. Gracias a esa historia la pareja tiene identidad. ¡**UNICIDAD**! Pero sí pueden y deben ponerse de acuerdo para una cosa. VOLVER A SER CLIENTES. Clientes **BUSCADORES**. Así se reinicia una relación lastimada. ¡Estando dispuestos a pagar un precio, como lo hacen los clientes que prueban productos o servicios, con la esperanza de que esta vez quizá puedan convertirse en **FANS**!

Contesta con tu equipo dos preguntas.

1. ¿Quiénes son sus clientes BUSCADORES?

2. ¿Qué TÁCTICAS DE UNICIDAD pueden usar con ellos?

36

FANS

¡Éste es el lugar! UN OASIS. La tierra prometida. El sitio maravilloso en el que la gente te quiere, te respeta y usa tus productos. Ahí están tus **FANS**... Lo son por una razón: han reconocido **TU UNICIDAD**. Algunos han llegado solos. Otros los has llevado ahí mediante un gran esfuerzo. De hecho, llegaste al **OASIS** cansado(a), pero satisfecho(a) de tu travesía, porque te acompaña una enorme caravana. Algunos **EX VAMPIROS**, muchos **EX SORDO-CIEGOS** y muchísimos más **EX BUSCADORES.** ¡Clientes de otros pueblos que has ido convenciendo de tu **UNICIDAD** y que por fin se han unido a ti para quedarse a tu lado por tiempo indefinido!

Tus FANS O USUARIOS del oasis son tus clientes anhelados. Los que consumen tu producto o servicio porque lo valoran, porque saben que es **ÚNICO**, es **CONSISTENTE** (siempre igual o mejor); tiene la calidad y características que ellos necesitan. Tus **FANS** del **OASIS** están dispuestos a pagarte más por la forma en que les satisfaces su necesidad (quizá creada por ti), y porque se han ligado emocionalmente a tu marca.

Al universo de FANS, W Chan Kim y Renée Mauborgne le llaman *El océano azul*. Después de quince años investigando y estudiando artículos del Harvard Business Review, explican cómo Disney inventó los parques temáticos para toda la familia y millones de clientes gastan fortunas en visitarlos cada año. Cómo el Circo de Soleil dejó de explotar animales y conquistaron un universo de clientes dispuestos a pagar por un espectáculo artístico que antes no existía.

CHICAGO
PUBLIC
LIBRARY
CELEBRATING
DIVERSITY

2017 HISPANIC HERITAGE MONTH

Abracadabra! Magic Show!

Saturday, September 16 at 2 p.m.
McKinley Park Branch Meeting Room

1915 W. 35th St.

Join Pocket Circus, the world's smallest circus, for an evening of magic and mystery in this wildly entertaining bilingual magic show.

Ask your librarian
or visit **chipublib.org**
for more information.

Cómo, marcas que se posicionan en la mente del consumidor como *únicas*, venden sus productos por el logotipo y la calidad que presumen.

¿Qué debes hacer para conservar a tus FANS O USUARIOS?

- ✓ Asegúrate de que siempre comprendan y aprecien tu **UNICIDAD** (sepan que eres un proveedor único, especial, con una oferta diferente a la de tu competencia).
- ✓ Consiéntelos al máximo.
- ✓ Procura brindarles productos consistentes.
- ✓ Sorpréndelos de vez en cuando con detalles de valor agregado que no esperen.
- ✓ Difunde con ellos un código de creencias que deben conocer y creer también.

> En una sesión de coaching en la Compañía que publica algunos de mis materiales, ellos escribieron este código:
>
> *«Solo vendemos best sellers para personas con mentalidad joven. Sin perder la elegancia y fuerza literaria del idioma español, todas nuestras obras son capaces de despertar la imaginación y mover a nobles intenciones. Con cualquiera de nuestras publicaciones el lector se asombrará de lo rápido que avanza en la lectura, revivirá el deleite de volver a leer libros completos y hallará en ellos un contenido cuyo valor superará con creces el precio de lo que pagó por él».*

¿Arrogante? ¿Pretencioso? Bueno, si no eres capaz de describir tu producto en términos de **UNICIDAD Y CALIDAD TOTAL**, nadie lo percibirá así (ni clientes ni compañeros de trabajo). Recuerda que enseñas con el ejemplo y lo primero que alguien tratará de detectar en tu mirada o voz es "¿qué tanto crees en lo que dices?". Solo quien está absolutamente convencido del valor de lo que vende, logra conquistar a los **VAMPIROS**, abrirle los sentidos a los **SORDO-CIEGOS**, convencer a los **BUSCADORES** y conservar a los **FANS**.

Contesta con tu equipo dos preguntas.

1. ¿Quiénes son sus FANS O USUARIOS?

2. ¿Qué TÁCTICAS DE UNICIDAD pueden usar con ellos?

37

DIVULGAR LA UNICIDAD

Isabel me describió su propio infierno. La dejé hablar sin interrumpirla. Tuvo la confianza conmigo para contarme detalles muy íntimos de su relación con Joch. Y lloró. Lloró mucho. Casi no tuve que hacerle preguntas. Ella necesitaba hablar. Prácticamente no cenó. Dejó su plato íntegro. Después fue al baño a limpiarse la cara. Cuando volvió, me dio las gracias.

—Me ha ayudado mucho escuchar tus consejos. —¡Pero yo no había dicho casi nada! Fue ella la que llegó a sus propias conclusiones—. Voy a darle otra oportunidad a Joch.

—Eres una mujer muy valiente, Isabel —le toqué el brazo—. Capitaliza y aprovecha todo lo que has vivido. Ha sido muy duro. Perdiste a tu primer esposo y después a tu hijo. La vida te ha capacitado para ayudar a la gente; sobre todo a la que pasa por momentos difíciles...

—Tal vez —sonrió—. En eso consiste mi **UNICIDAD**.

—¿Cómo llegaste a esta empresa, Isabel?

—Yo tenía un negocio de selección de personal. Desarrollé la habilidad para encontrar gente idónea a cada puesto vacante. Recomendé a más de veinte empleados aquí, y todos resultaron buenos. En aquel entonces, mi primer esposo era contador en un centro nocturno. Cometió un fraude falsificando cheques y lo corrieron del trabajo. Yo no podía entender por qué había hecho eso. Discutimos mucho al respecto. Y él empezó a cambiar. A veces no llegaba a dormir por varios días. Ni siquiera el cariño de nuestro hijo Alex, lo hacía reaccionar. Tomaba alcohol casi a diario y se iba con mujeres. Una noche nos avisaron que su auto se volteó en la carretera a Cuernavaca. Iba con su amante. Ambos murieron. Dio la casualidad de que en esos días el director general de esta empresa necesitaba un gerente de Recursos Humanos y me llamó para pedirme que se lo consiguiera. Recuerdo que llegué a su oficina y le conté todo lo que estaba viviendo; no pude evitar soltarme a llorar. Entonces me dijo algo similar a lo que tú acabas de afirmar. "Isabel, eres la mejor psicóloga organizacional que conozco, has pasado por situaciones muy dolorosas; eso ha acentuado tu sensibilidad para tratar con seres humanos; puedes percibir las bondades, capacidades y necesidades de la gente. ¡Quiero que trabajes con nosotros de forma permanente!". No me fue difícil decidir. Necesitaba un cambio. Y aquí estoy.

En este caminar hacia la conquista del mercado, habrás notado que el hilo conductor está formado por una idea central: ***todo se puede lograr si la gente percibe que somos únicos***... Pero no es una cuestión de mercadotecnia. Es de **convicciones**. Quiero atreverme a preguntarte algo. ¿Tienes la seguridad absoluta de que eres una persona única? ¿Crees, de verdad, que lo que vendes es único? Si dudas en esto, jamás conquistarás tu **OASIS**. El dinero no fluirá.

Voy a darte dos razones para que no dudes de tu UNICIDAD:

1. Las experiencias que viviste o superaste son únicas.

Todo lo que en el pasado te causó tropiezos y frustraciones te ha dado una sensibilidad y madurez que no tiene nadie. Algunos ejemplos extremos:

Si tu hijo murió de cáncer, eres sensible para ayudar a prevenir enfermedades de niños y a brindar apoyo a las familias que sufren pérdidas. Si padeciste acoso escolar por alguna particularidad física, has desarrollado un carácter más fuerte y una determinación férrea que compensa tus carencias. Si viviste en China o en Rusia o en Uganda conoces a la perfección otra cultura e idioma.

2. Tus talentos y habilidades son únicas.

Lo reconozcas o no, has sido dotado de capacidades innatas y en el camino has desarrollado otras. Tienes talentos. Algunas actividades se te facilitan. Quizá escribes bien, amas los deportes, manejas aparatos electrónicos, armas rompecabezas, dominas las matemáticas, pintas, cantas, hablas, escuchas de manera sobresaliente... Reconócelo. Eres excepcional para algo.

Tu negocio o la empresa en que trabajas también es única por los mismos aspectos:

1. Las experiencias por las que pasó y superó son únicas.

Por ejemplo: Una empresa que salió adelante de la auditoría fiscal más despiadada, queda fortalecida en su área contable y de relaciones con abogados y autoridades. La empresa que se vio forzada a crear productos nuevos porque los viejos dejaron de venderse, ahora es especialista en innovación y creatividad.

2. Sus talentos y habilidades corporativas son únicas.

Los productos "clásicos" de tu empresa encierran un cúmulo de sabiduría secreta. ¡Nos gritan cuáles son nuestras fortalezas innatas! Hay algo que en tu empresa saben hacer bien. Si tienen dudas, analicen la visión inicial de los fundadores. Sus sueños, su creatividad, su RITMO. Renueven todo eso. Denle otra apariencia y mercadotecnia, pero sigan haciendo aquello para lo que son buenos.

A veces nos cuesta trabajo identificar nuestra autenticidad porque creemos que vendemos un producto.

En realidad vendemos emociones. Cuando te pregunten qué vendes, tu mente debe trascender el producto genérico. Nunca contestes: "vendo computadoras, o perfumes, o sillas, o refrescos"; identifica qué emociones positivas aporta tu producto a la gente y conviértelas en tu eslogan, en tu razón de existir. Contesta: "vendo esperanza, o dignidad, o placer, o estatus, o unión familiar, o sensualidad o comodidad o..." (la lista puede ser infinita). Al final, de nada sirve que hagas las cosas bien si a la gente le ocasionas emociones negativas. ¡Y la vida te ha preparado para generar emociones positivas en otros! Hazlo.

Tú eres diferente. Tu empresa es diferente. Tu equipo de trabajo es diferente... y todos en conjunto tienen fortalezas que los hacen únicos. Descubran cuáles son las áreas para las que han sido preparados por la vida (sus talentos y experiencias superadas) y ***divúlguenlas*** para que puedan atacar con fuerza su nicho de mercado natural.

38

SUMAR VALOR A LO EXCELENTE

—Cuando entré a trabajar aquí —Isabel continuó su relato—, conocí a Joch. Me pretendió desde el primer día. No le importó saber que era viuda con un hijo adolescente. De hecho, se hizo amigo de Alex muy rápido. Eso fue lo que me conquistó. En su afán por ayudar a mi muchacho lo invitó a trabajar como aprendiz. Yo me opuse, porque Alex padecía asma y los médicos no le recomendaban esfuerzos grandes. Mi hijo era un genio para los números y las computadoras. ¡Tenía un gran talento! Pero Joch insistió en llevarlo a las obras y obligarlo a hacer ejercicio extenuante. Decía que así superaría su debilidad respiratoria. Se equivocó. Alex murió por asfixia. Se ahogó en el río.

—¿Cómo? Perdona. Isabel. No entiendo. Yo siempre creí que fue golpeado por los troncos del segundo derrumbe.

—Tal vez, pero eso no lo lesionó. En todo caso, solo aumentó su estrés. Mi hijo se había metido al río tratando de ayudar a Joch. Él era como su papá; lo quería mucho. Lo jaló desde la superficie en un intento de rescatarlo. Dicen que fueron momentos de gran confusión. Todos gritaban y corrían y nadaban de un lado a otro. Alex tuvo un severo broncoespasmo; en sus aspiraciones desesperadas tragó agua; la corriente se lo llevó; hallaron su cuerpo varios kilómetros río abajo.

No pude decir nada. El de ese muchacho era un caso extremo de lo que puede suceder cuando alguien es obligado a trabajar bajo presión en sus áreas débiles (él no tenía por qué someterse a esas batallas físicas) y en cambio se ignoran o reprimen sus fortalezas (hubiera llegado a ser un genio de la informática). ¿Por qué si todas las personas y empresas pueden despuntar de manera excepcional en alguna faceta para la que son buenas "naturalmente", tratan de sobresalir en otra para la que no son buenas?

Si teníamos poco talento en determinada área, antes se creía que debíamos esforzarnos por mejorar en esa área (qué buenos somos para señalar lo que hacemos mal). La consigna era subir a niveles estándares, hasta ser del promedio. ¡Esa forma de pensar ya no funciona más! Ahora se sabe que si, de manera natural no somos hábiles para una actividad, aunque nos esmeremos en mejorar (y lo logremos), en realidad nunca seremos lo suficientemente buenos como para conquistar el mercado, porque hoy en día, no basta con ser buenos, debemos ser **EXCEPCIONALES.**

Suma un porcentaje de valor a lo que ya haces bien. Si tienes un 40% de facultades para cocinar puedes tomar cursos intensivos de cocina y aumentar un 20% tus habilidades. Con ese 60% de capacidad podrás sobrevivir, ¡pero por lo que más quieras no pongas un restaurante en el que tú cocines! En cambio, si tienes un 100% de capacidad para enseñar inglés, toma cursos intensivos y aumenta tu capacidad un 20% más. Con tu 120% de habilidades emprende la mejor escuela de inglés en la ciudad. **Eso es SUMAR VALOR A LO EXCELENTE.**

Los gurús de la administración respaldan este principio. Dice Marcus Buckingham: "no perdamos mucho tiempo tratando de superar nuestras debilidades, mejor concentrémonos en nuestras fortalezas y fortalezcámoslas aún más". Dice la matriz de Boston Consulting Group (BCG): "deshazte de los *productos perros* (débiles), empuja los *productos estrellas* (que brillan) y consiente a las *vacas lecheras* (que te dan de comer a diario).

Imagina los siguientes supuestos:

►Tienes dos productos en tu empresa. Uno se vende muy bien y otro muy mal. ¿A cuál de los dos productos impulsarías con publicidad? Tu instinto te dirá que empujes al que se vende mal. Pero te equivocarías. ¡Debes promocionar a tu producto más representativo! (¿Para qué si ese ya se vende por sí solo?). ¡Pues para que alcance alturas insospechadas!

►Vendes en dos zonas del país. En el sur, tus ventas son bajas, y en el norte son altas. ¿Qué zona impulsarás para que crezca? Todos pensarán que debes impulsar la zona en la que tus ventas son bajas. Error. Si logras ser el rey, el único, líder absoluto en el norte, las ventas subirán por sí solas en el sur.

►Tu hijo reprueba biología y aprueba literatura con excelencia. ¿Qué materia lo ayudarías a mejorar? ¿Biología o literatura? En contra de lo que todos opinen ¡impúlsalo en literatura! Ese es su don natural; fortaleciéndolo aún más, podría convertirse en el mejor escritor del mundo. **Tu hijo no nació para ser un mediocre en TODO sino para ser PREMIO NOBEL en algo.**

Dentro del marco de tus habilidades explora nuevas opciones a las que puedas imprimirles tu sello único. Innova con agresividad e irrumpe en el mercado con propuestas que nadie podría hacer como tú. Todo experto en una rama puede aplicar su gnosis en otras, siempre que no pierda su esencia única. Lo que importa más, ya lo hemos aprendido, no es lo que se hace, sino la forma y el fondo: nuestra manera única de ver el mundo e interpretarlo.

El chef experto en cocina cantonesa sería capaz de hacer tacos mexicanos con estilo oriental. ¿Suena descabellado? Sin duda. ¡Pero así nacen los productos únicos que revolucionan el mercado! ¿Cómo surgió la Coca Cola? ¡De un jarabe para la tos! ¿Cómo surgió el Facebook? ¡De un anuario para estudiantes! ¿Cómo surgió el teléfono? ¡De un juguete con hilos!

Para conquistar un MERCADO DE CLIENTES CAUTIVOS debemos apropiarnos de lo que es auténticamente nuestro, realzarlo, pulirlo y modernizarlo. Hacer lo que nadie hace. Descubrir nuestras fortalezas, talentos, diferencias y reinventarnos con el orgullo de ser únicos.

Isabel y yo terminamos de comer. Fue una reunión intimista y agradable. Jamás creí que ella abriría sus sentimientos de esa forma conmigo.

—Antes de despedirnos —le dije—, necesito preguntarte algo que me inquieta mucho; quiero que seas sincera.

—Adelante.

—Durante la asamblea de directivos y autoridades, cuando se dijo que en la empresa había uno o más traidores conspirando para destruirla, te vi bajar la cara y taparte la boca. Luego Joch se salió del lugar. ¿Qué saben tú y él?

Isabel apretó los labios, infló las mejillas y dobló muy despacio la servilleta de tela.

—Joch también ha sufrido mucho. Tiene las articulaciones destrozadas. Jamás volverá a caminar ni a ejercitarse como antes. La vida le ha dado una UNICIDAD peligrosa. Yo no sé si él robó el expediente que está causando tantos problemas a la Compañía, pero sí sé que es muy amigo de Serrano. Se reúnen a veces en el billar cercano a Plaza Galerías.

Asentí, contristado. Sin duda nuestra UNICIDAD puede usarse para bien y para mal. Me di cuenta que la tormenta que amenazaba con hundir la empresa tomaba cada vez más fuerza.

TERMINOLOGÍA

Con base en lo estudiado y en tus propias reflexiones, define las siguientes palabras. Haz este ejercicio con honestidad; (al final del curso compara tus respuestas con el GLOSARIO OFICIAL COMPLETO que puedes descargar en WWW.METODOTIMING.COM).

A partir de hoy, usa los términos en tu vocabulario diario:

(51) *UNIVERSO DE CLIENTES CAUTIVOS.*
(52) *SALEM´S LOT.*
(53) *PUEBLO FANTASMA.*
(54) *PUEBLO MINERO.*
(55) *EL OASIS.*
(56) *CLIENTES VAMPIROS.*
(57) *CLIENTES SORDO-CIEGOS.*
(58) *CLIENTES BUSCADORES.*
(59) *CLIENTES FANS O USUARIOS.*
(60) *UNICIDAD.*
(61) *TALENTOS Y HABILIDADES CORPORATIVAS.*

SINCRONÍA DEL EQUIPO

Estás en RP+ ⇨ GESTIONAS TUS ACTOS, FORMAS Y CREENCIAS CON CALIDAD ⇨ usas MOTORES DE RENDIMIENTO ⇨ te COMUNICAS CON PODER ⇨ aplicas TÁCTICAS DE UNICIDAD ⇨ Ahora debes TRABAJAR SINCRONIZADAMENTE CON TU EQUIPO.

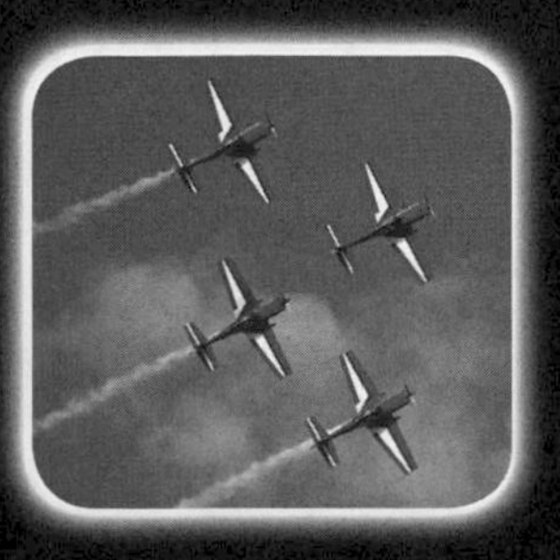

39

SUMAS POTENCIADAS

Acéptalo. No puedes hacer más que lo que puedes hacer, y eso, aunque sea mucho, es nada para los parámetros de competitividad actuales. ¿Te ha sucedido, alguna vez, que haces lo mejor a tu alcance y los resultados siguen siendo precarios? ¿Has tenido periodos en los que el trabajo excesivo te ha llevado a desvelos, enfermedades y agotamiento, solo para avanzar muy poco sin que nadie lo note? La **PERSONA DE ALTO RENDIMIENTO** tiene un límite: Ella misma. ¡Y eso es un gran límite! Por eso, para alcanzar grandes niveles reales *necesitas un equipo*.

El principio de *sinergia* o SUMAS POTENCIADAS dice que si cuatro personas trabajan por separado, obtendrán un resultado igual a la suma de sus esfuerzos: (1) + (1) + (1) + (1) = **4**. Pero si esos mismos individuos se unen para trabajar en equipo por el mismo fin, la suma de sus esfuerzos se multiplica por el número de personas y el resultado se potencia: (1 + 1 + 1 + 1) (4) =**16**.

Matemáticamente nos conviene trabajar en equipo. De hecho, todo lo realmente grande y trascendente en el mundo, es resultado de **SUMAS POTENCIADAS**. No lo hizo una persona, lo hizo un grupo.

Debes formar parte de un grupo. Por más que te estimes, **no te sobres** ⇞. *Necesitas un equipo*. Por más que te humilles, **no te disminuyas** ⇟. *Tu equipo te necesita*. Seguramente tienes uno. Pero cuidado. Los equipos, como todo en la vida, se deterioran si no les das mantenimiento. Los peores enemigos de un equipo pueden ser sus propios miembros, porque las sumas potenciadas funcionan también al revés: para destruir.

Pensando en ello, pedí al taxista que me llevara al billar de Galerías Guadalajara. El sitio era grande, pero no tanto como para ignorar la presencia de varios hombres que discutían en el rincón. Uno de ellos estaba en silla de ruedas. ¡Era Serrano, en persona! El exempleado que sobrevivió al accidente y que según palabras del director general, estaba exigiendo indemnizaciones millonarias para hacer quebrar a la Compañía, asesorado por un sindicato agresivo.

Me acerqué a ellos para escuchar su discusión, pero me detectaron. Era obvio. Aunque rentara una mesa de carambola, todos notarían la incongruencia de un hombre con traje y corbata que trata de jugar solo por primera vez en ese sitio y ni siquiera sabe agarrar el taco.

Caminé por el recinto buscando a Joch. No estaba. Luego salí por el pasillo hacia la calle y regresé al taxi.

40

DEGRADACIÓN OPERATIVA

En tu casa van a aparecer goteras, vivas o no en ella. Es una ley. Todo (la palabra absoluta aplica perfectamente en este axioma) **«TODO» se deteriora con el tiempo** (los inmuebles, las relaciones, las organizaciones y cualquier cosa que se te ocurra nombrar), a menos que se le dé **MANTENIMIENTO ACTIVO.**

Las personas nos acostumbramos al deterioro. Aunque parezca increíble, se vuelve parte de nosotros y ni siquiera lo percibimos.

Mi hermana pintaba cuadros. Hace años me regaló un lienzo con un paisaje de rayas en tinta china. Lo colgué a la entrada de mi casa. Durante años, lo primero que veías al llegar era el cuadro de mi hermana. Hasta que un amigo me dijo: "¡Qué pintura más fea! ¿Por qué la tienes ahí?" Su comentario me pareció grosero. ¿Cómo se atrevía a criticar el cuadro de mi amada hermanita? Pero entonces lo analicé bien y me di cuenta que mi amigo tenía razón. La pintura era fea. Pero la familia y yo estábamos tan ACOSTUMBRADOS a verla, que nos parecía NORMAL.

Eso sucede en todos los ambientes. La gente que está expuesta a situaciones inadecuadas, se acostumbra a ellas y deja de notarlas. Sólo el que llega de improviso las detecta. Por eso los guardias de seguridad deben hacer rotación de bases. Por eso los miembros de un equipo deben retroalimentarse unos a otros y darse **MANTENIMIENTO ACTIVO**.

La DEGRADACIÓN OPERATIVA es como el cáncer. Al inicio no duele, no se nota, pero se va extendiendo silenciosamente. Poco a poco, las células cancerosas invaden órganos que van dejando de servir hasta que la persona muere. En una organización ocurre lo mismo. Por eso hay que detener la **DEGRADACIÓN OPERATIVA** a tiempo.

Una de las primeras confesiones que me hizo Joch, cuando lo conocí, fue ésta: «Yo me encargaba de organizar las cuadrillas; debía gritar mucho y correr de un lado a otro. Al principio la gente me parecía sucia y desordenada, después me acostumbré. Dije, si no puedes ganarles, únete. Entendí que dentro de toda la anarquía había cierta lógica. Al menos eso creí. Pero fue justamente esa costumbre de hacer todo "al ahí se va" lo que ocasionó tantos problemas».

El PRINCIPIO ENTRÓPICO dice: "Todo tiende a desorganizarse y desaprovecharse a menos que hagamos algo para evitarlo". No importa quien seas, o incluso si trabajas para una de esas empresas de alto rendimiento que se han convertido en íconos mundiales de **SINCRONÍA**, deberás reconocer el peligro de este principio. Todo se deteriora con el tiempo. Sobre todo los equipos de trabajo.

Hay 7 señales de DEGRADACIÓN OPERATIVA en las personas que trabajan juntas. Debemos prevenirlas y detenerlas cuanto antes (empezando por lo que hacemos mal ***nosotros mismos***):

1. **Fallas por desatención.**
2. **Descalificación.**
3. **Deterioro visual.**
4. **Subversión.**
5. **Rutinas enviciadas.**
6. **Juegos sexuales ilícitos.**
7. **Incumplimiento.**

41

FALLAS POR DESATENCIÓN

«Un accidente aéreo causó la muerte, el pasado lunes, de cuatro pilotos de la patrulla acrobática norteamericana de los Thunderbird cerca de Indian Springs, en Nevada. Según testigos presenciales, los cuatro birreactores T-38 se estrellaron en el suelo formando una gigantesca bola de fuego al terminar una figura acrobática. Parece difícil determinar si la causa del accidente fue que el líder de la escuadrilla intentó demasiado tarde enderezar su aparato, llevando así a la muerte a sus compañeros de equipo, o si se produjo una colisión durante el vuelo. Dieciocho pilotos de los Thunderbird han encontrado la muerte desde que se creó la patrulla».

El anterior es un ejemplo de muchas noticias similares obtenida de los archivos de accidentes aéreos (*DIARIO EL PAÍS*. Hemeroteca, miércoles 20 de enero de 1982).

Al TIMING de un equipo se le llama SINCRONÍA. En las acrobacias aéreas, los pilotos trabajan en SINCRONÍA haciendo que sus aviones vuelen a pocos metros de distancia uno de otro. A veces parece que las alas se juntan. Realizan distintas formaciones con el cielo de fondo, en las que se turnan el liderazgo. Un minuto el avión de la extrema izquierda es el guía y todos lo siguen a cortísima distancia; al siguiente minuto el avión de la extrema derecha toma la punta y todos van tras él; después, el de en medio y así sucesivamente. Si el líder en turno tiene una **FALLA POR DESATENCIÓN**, lleva con frecuencia a la muerte a todo el equipo que viene detrás. Como en las acrobacias aéreas, cada uno de nosotros vamos al frente en momentos cruciales, generando una estela que nuestros colaboradores siguen.

Las fallas por desatención de una persona ocurren por: desidia, apatía, flojera, desinterés (está **DISMINUIDA** ‡), o porque ha hecho tantas veces ese trabajo que cree que podría realizarlo con los ojos cerrados (está **SOBRADA** ‡). ¡En ambos casos se descuida y perjudica a los demás! Analiza lo que te corresponde y no te des el lujo de distraerte. Por lo que más quieras ¡realiza tu parte con excelencia! Motiva a todos en el equipo a que dejen de preocuparse y criticar lo que otros hacen, para que cada uno también haga con excelencia lo que le corresponde hacer.

42

DESCALIFICACIÓN

Todos los empleados de la empresa de Joch incluyendo directivos, asistieron al teatro para la sexta reunión del programa. Percibí en el aire cierta calma tensa. Como cuando un huracán de categoría cinco se aproxima y, de pronto se interrumpen los vientos, se quita la lluvia y solo se escucha el silencio.

Habíamos avanzado muchísimo en la fortaleza emocional del equipo. La mayoría de los trabajadores solían hacer excelentes redacciones en sus cuestionarios de estudio y participaban con entusiasmo durante las sesiones de discusión; pero esa tarde todos se mostraban reservados, como si presintieran que en cualquier momento tendría que salir a la luz el peligro de hundimiento del barco en el que se encontraban.

De alguna forma había caído sobre ellos la conciencia de que todos eran importantes para la empresa y ninguno podía hacerse a un lado cuando se trataba de dañarla o hacerla funcionar. Eran eslabones de una misma cadena.

Observa cómo cada miembro del equipo va al frente por momentos, generando con el resto una interdependencia crucial.

A esto se le llama CADENA DE SINCRONÍA:

Cuando el contador presenta las declaraciones de impuestos, va al frente del equipo y todos dependen de que lo haga bien; si se equivoca, la empresa se estrella. Cuando los directivos establecen políticas, estrategias y metas, todos dependen de ellos; si lo hacen mal, la empresa se accidenta. Ocurre una tragedia similar si el diseñador produce un artículo invendible o inservible, si el departamento de fabricación hace un producto con mala calidad, si los especialistas de marketing yerran en el nombre o presentación del nuevo artículo, si los vendedores no son capaces de convencer a sus clientes, si los encargados de crédito y cobranza no pueden recuperar la cartera vencida, si el jefe de almacén no despacha los pedidos a tiempo.

Todos somos importantes. Decláralo, pregónalo, créelo. No se te ocurra menospreciarte o menospreciar a alguien del grupo. Cuando cada uno hace bien su parte, forman una **CADENA DE SINCRONÍA**. Desde el afanador que mantiene los baños limpios, pasando por la operadora que contesta el teléfono, el policía que saluda a los proveedores, la recepcionista que recibe a los clientes o el gerente de ventas que los despide.

Haz participar a todos de los proyectos corporativos. ¡Inclúyelos en las juntas de proyección! No menosprecies la opinión de ninguno, ni te ufanes informándoles lo que decidieron los dioses del Olimpo. De ser posible haz que todos los miembros de la cadena estén presentes en las discusiones creativas. Escuchar los comprometerá. Y quién sabe, tal vez, el que menos te lo esperes, aporte la idea más genial.

43

DETERIORO VISUAL

Joch sabía muy bien que uno de los elementos más distintivos de la improductividad es la falta de orden, por eso, cuando estuvo castigado en el último cubículo, para acceder a su rincón había que sortear cajas, desechos y chatarra. Y él no se inmutaba. De igual modo, la primera conferencia fallida que di en esa empresa, a la que solo asistieron treinta trabajadores, se llevó a cabo en un sitio desaseado. Suele ser así. La gente de bajo rendimiento casi nunca es pulcra.

Una de las frases discordantes que oí decir a alguien es: "si tengo sucio mi espacio personal ¿eso en qué le afecta a los demás?, después de todo, es *mi* espacio". La respuesta fue simple: Tu suciedad nos afecta porque el orden se contagia y el caos también.

Imagina una escolta marchando en el desfile de una celebración patria. Todos se mueven al unísono en perfecta sincronía. Pero uno de los soldados de la escolta trae el uniforme visiblemente sucio y roto. ¿Qué crees que llame más la atención de la audiencia? ¡**EL DETERIORO VISUAL** de un miembro degrada a todo el equipo!

Ahora hablemos de las instalaciones. Nuestro **TIMING** se ve afectado por el lugar en donde nos desenvolvemos.

Yo solía escribir novelas en un cuarto estrecho, oscuro, rodeado de libreros. Escapaba del mundo a través de mis escritos. Pero cada vez me costaba más trabajo ser productivo, hasta que alguien me prestó una casa con balcón frente al océano. Viendo el mar escribí sin parar. El ambiente contribuyó a tal grado en mi creatividad que escribí en pocos meses uno de los libros más importantes de mi vida (*Los ojos de mi princesa* 2). Eso les ocurre a las personas que trabajan en una oficina o industria. No necesitan vista al mar, pero sí amplitud, orden y limpieza.

Hagamos un recorrido. Empecemos por los baños. ¿Son impecables, funcionales?, ¿están desodorizados, bien pintados, con jabón y toallas limpias? (No solo los privados de directores); si los baños destinados para "el pueblo" están deteriorados, es un indicativo de **DEGRADACIÓN OPERATIVA**.

Salgamos a los pasillos, entremos a los cubículos. ¿Hay enseres viejos, muebles anticuados, paredes descarapeladas, rayadas o marcadas? ¿Hay objetos amontonados, comida donde no debería, adornos que no combinan con la decoración? ¿Hay desorden en cables, herramientas, papeles, libros o electrónicos? ¿Hay aparatos viejos o mecanismos que alguna vez funcionaron, pero siguen a la vista? ¿Hay poca luz o poca ventilación? ¿Falta un sistema para encontrar las cosas o acomodarlas después de usarlas, o si lo hubo, a nadie le importa?

Hermosea el lugar de trabajo. Acomoda tu área lo mejor que puedas. Desplaza los muebles, pon cuadros, pinta, adorna, ¡pero hazlo tú, o supervisa de cerca que se haga! Por ningún motivo delegues a otros el arreglo de tus terrenos, porque el que acondiciona las áreas físicas tiene el control psicológico de la gente que trabaja ahí. Así que adonde quiera que vayas ponle tu toque personal. Limpia y ordena perfectamente, pues la basura que hay a tu alrededor refleja la basura que hay en tu mente.

Dice Michael Gerber en *The E Myth enterprise* (Collins Business. Estados Unidos, 2010).

«Una empresa que se deteriora visualmente, es consecuencia de mentes que se deterioran emocionalmente, de liderazgo al borde del fracaso. El color es lo primero que ve la gente, por lo tanto es un elemento crucial en la matriz visual. ¿De qué color son las paredes, los uniformes, las envolturas del producto? Los colores dan mensajes y mueven emociones. Durante tres semanas, un grupo de vendedores fueron vestidos de café. Después, durante tres semanas fueron vestidos de azul marino.

En ambos periodos hicieron exactamente lo mismo; solo cambió su ropa, pero las ventas aumentaron dramáticamente cuando se vistieron de color azul, porque la ropa azul vende más que la café sin importar quien la use. ¿La apariencia es importante? Más de lo que muchos creen. ¿Qué mensajes se dan en "las formas"? Desde el logotipo, la arquitectura del edificio corporativo, o los productos. ¿La organización tiene aspecto moderno, atrevido, austero, clásico? En la gran empresa se cuida la limpieza, el orden, el detalle de pequeñas cosas, y sobre todo el impacto visual de la información que se brinda (panfletos, páginas web, catálogos, videos promocionales). Si una empresa quiere lograr éxito, el ideal visual no es una elección. Es una necesidad».

44

SUBVERSIÓN

Conozco a una maestra de primaria en México que se la pasa encabezando las marchas de protesta contra las reformas educativas. La mujer está amargada. Desde que entra a un recinto, se percibe su enojo. Solo le interesa protestar. Quiere que le paguen más, trabajar menos, que no le hagan un examen de competencia a los maestros, que nadie les cuestione su capacidad; protesta contra el gobierno, contra el capitalismo, contra la globalización, contra la contaminación, contra los impuestos, contra la detención de sus compañeros subversivos. Pero ha olvidado algo. Que es una maestra. Que en su aula están sentados los niños que dentro de algunos años se convertirán en padres... en hombres de bien o en delincuentes. La pobre maestra ha perdido su vocación y pasión por enseñar. Chatea con los revoltosos descerebrados del movimiento magisterial, y cae en un tobogán de degradación que la envilece. Por supuesto que sus amigos o familiares no quieren estar cerca de ella. La **SUBVERSIÓN** que la caracteriza contamina el ambiente.

Es bueno buscar cambios cuando estamos guiados por el amor a nuestro equipo, a nuestro oficio y a la gente que se nutre de nosotros. Pero es reprobable y vil hacerlo movidos por una obsesión enfermiza de buscar errores, culpar a los demás y exigir a toda costa beneficios personales aunque el barco se hunda.

SUBVERSIÓN se define como alzarse en revuelta o motín, excitar indignación, promover sentimiento de protesta. La **SUBVERSIÓN** siembra dudas en otros, destruye la cohesión del grupo, fractura la confianza en la organización.

Analiza a tu equipo. ¿Qué sentimientos e ideas privan en las personas mientras hacen su trabajo? ¿Hay entusiasmo? ¿Se respira dinamismo? ¿La gente sonríe y está alegre? ¿Todos tienen deseos de hacer lo que les corresponde y un poco más? ¿O por el contrario hay apatía, flojera, dejadez, desidia, indiferencia, negligencia, omisiones y rumores fatalistas? Quizá conoces a alguien que habla y actúa en **SUBVERSIÓN**. Tal vez tú mismo lo haces, algunas veces. Aunque no lo creas, cuando se trata de evaluar a un ser humano como trabajador o como persona, su actitud positiva y lealtad tienen un peso mayor a sus capacidades.

Nos encontrábamos en el teatro frente a la empresa, terminando de explicar el tema sobre **SINCRONÍA DEL EQUIPO**, cuando Tomás, el jefe de almacén, levantó la mano interrumpiéndome. Él fue la válvula de escape de una zozobra que ya estaba siendo incontenible.

—Todo lo que hemos aprendido aquí es importante; de hecho son cosas sabidas que simplemente no aplicamos. Pero el problema más grande ahora es la **SUBVERSIÓN ESCONDIDA** —hizo una pausa; el nerviosismo generalizado creció; ¿acaso Tomás pretendía acusar a alguien en público?—. Voy a sacar a la luz el secreto a voces: La mitad de los presentes quieren derrocar a la actual administración para que la empresa sea vendida a los empleados y nosotros, como nuevos propietarios, la manejemos mediante una especie de cooperativa. Algunos pocos están en contra de esta idea y el resto nos hallamos indecisos. Quiero preguntarte a ti, como coach de **TIMING** lo que opinas al respecto. ¿Crees que de alguna forma la Compañía pueda quedar en manos de los empleados?

Confieso que la interpelación me tomó desprevenido. Era evidente que yo no estaría de acuerdo en destruir una empresa mediante el amotinamiento de sublevados oportunistas, pero tampoco podía desoír las razones de trabajadores que legítimamente se sentían estancados y querían buscar la forma de ganar más dinero. Lo que ocurrió a continuación me dejó pasmado. El director general se puso de pie.

—Yo quiero responder esa pregunta. Definitivamente los empleados sí pueden quedarse con la empresa, de hecho, está en venta —parecía hablar en serio—. La pueden comprar. Solo les pido que analicen de qué estamos hablando; fríamente y sin emociones. Cada uno de ustedes imagine por favor que desea tener un auto nuevo de lujo o deportivo y piensa "¿si otros lo tienen, por qué yo no?" Entonces van a la concesionaria y el vendedor les explica las características del auto y su valor. Se enfrentan con la realidad. ¿Tienen o no los recursos para comprarlo? De nada les serviría aliarse con muchas otras personas que también deseen el auto, haciendo un mitin o una revuelta frente a la concesionaria para exigir que se los den. Porque el auto está en venta, pero nadie se los va a regalar, ni ustedes deberían robarlo. Volviendo a lo nuestro. Esta empresa tiene maquinaria, terreno, mobiliario, edificios y valores de negocio. En activos debemos estar hablando de unos cuarenta millones de dólares. La empresa se vende. Insisto. ¿La quieren? Adelante. ¡La pueden comprar! Ojalá que esto quede claro. Es la verdad más simple: Para comprarla, cada uno de nosotros debería aportar alrededor de un cuarto de millón de dólares. La venta se protocolizaría a través de acciones. Y entonces sí, todos nos volveríamos accionistas y dueños. De hecho, así es como funciona el mundo de los negocios. Si alguno de ustedes no tuviera el cuarto de millón, y quisiera invertir menos, podría hacerlo libremente, y al final de cada año recibiría las utilidades proporcionales a su aportación. Ahora bien, si alguien aquí no tuviera capital en lo absoluto, podría colaborar con su tiempo y trabajo. Entonces ganaría un sueldo.

El escenario descrito fue clarísimo; las miradas se cruzaron en todas direcciones. Para poseer algo (una empresa o cualquier otro bien) solo hay dos caminos: lo pagas o se lo quitas por la fuerza a alguien. Era evidente que los promotores de la idea sobre esa "nueva administración comunitaria" no tenían recursos económicos para comprar la empresa. Insistir en adquirirla equivalía a generar una especie de golpe de estado interno con intenciones de robarla. ¿Puede hacerse? Por supuesto. Tampoco es algo fuera de lo común.

Hay varios ejemplos en México y en el mundo de cooperativas que se han fundado de esa forma; sin embargo, sólo necesitamos adentrarnos con objetividad en un análisis de lo que sucede siempre con ellas; como empiezan con el pie izquierdo, se mantienen en luchas internas de poder y acaban en manos de mafias a las que no les interesa el bienestar de los trabajadores.

—Por otro lado —culminó el director—, nuestra empresa también tiene deudas; pasivos muy grandes. ¡Estamos hablando de más dinero, que en este caso, le debemos a terceros! Los nuevos dueños adquirirían el compromiso de pagar esas deudas. Analicen los números. Verán que no es tan simple. Si de todas maneras, varios de ustedes están interesados en ser dueños de una empresa, no tiene que ser ésta. Pongan la suya. ¡Organícense! ¡Inviertan sus ahorros! ¡Hagan una sociedad y arriesguen *todo* para ganarlo o perderlo *todo*! Así funciona el libre comercio. Yo mismo tengo planes de dejar este empleo y poner mi propio negocio algún día. No es ningún pecado. Al contrario. Es muestra de progreso personal.

45

RUTINAS ENVICIADAS

¿De dónde provienen las ideas destructivas que se filtran y crecen en los equipos de trabajo rompiendo la sincronía? De un fenómeno muy sutil: las **RUTINAS ENVICIADAS**.

Visualiza este ejemplo:

- Arturín es contratado para realizar las tareas "A-B-C" (forman parte de la descripción de su puesto).
- Como Arturín tiene circunstancias personales que le exigen salir corriendo al finalizar la jornada, **no le da tiempo de terminar la tarea "C"**.
- Aunque su jefe le llama la atención varias veces, Arturín no realiza la tarea "C". Poco a poco el jefe resuelve el problema de otra manera (o lo deja pendiente) y **Arturín abdica por completo de esa responsabilidad**.
- Por otro lado, como Arturín es demasiado parco, y la tarea "A" requiere habilidades sociales (que él no tiene), la modifica haciéndola a medias o a su manera, de modo que **en vez de "A" la convierte en "F"**.

• Después de unos años, Arturín ya no realiza "ABC" sino "BF".

• Los jefes de Arturín optan por modificar los puestos adaptándose a él. Contratan a Pedro para que haga lo que Arturín ha dejado de hacer y Pedro comienza su propio proceso de modificación de rutinas.

• Luis entra a suplir las deficiencias de Pedro y Martín las de Luis.

• Todo se vuelve un embrollo. La organización original ya no existe. Las cosas se hacen en función de las habilidades y gustos personales de cada individuo; si alguien renuncia, la empresa se ve en un problema grave, porque necesita encontrar a un suplente con las mismas características del que se fue (algo imposible). Mientras tanto, como todos opinan y meten las manos donde quieren y cuando les apetece, ninguno se hace responsable de los resultados. Se echan la culpa unos a otros de las omisiones y de lo que sale mal.

• Imaginemos que los jefes de Arturín se ponen duros y le piden que realice la tarea "A". Él dirá que jamás ha hecho eso y que si se lo exigen, deberán pagarle más.

• En caso de que los jefes insistan, Arturín se aprestará a usar el arma más letal con la que cuenta: contaminar a la gente cercana, desunir al equipo, provocar que sus compañeros de trabajo protesten por injusticias de las que son víctimas.

Las rutinas que no se vigilan se envician. ¿Cuáles son las rutinas correctas de cada miembro del equipo? Ha llegado el momento de confrontar la verdad. ¿Hemos dejado que nuestras rutinas se envicien? ¿Estamos afectando los resultados potenciados del grupo?

46

JUEGOS SEXUALES ILÍCITOS

En la empresa conviven muchas *personas adultas*. Y las personas adultas se divierten con *juegos de adultos*. Algunos, sanos; otros no. Infinidad de trabajadores acaban divorciándose porque su empleo es el escenario perfecto para practicar toqueteos, roces corporales, insinuaciones sexuales y travesuras eróticas que terminan en adulterio. ¿Por qué sucede eso? ¿Qué acaso los trabajadores no van a trabajar?

Analicemos: Todas las personas solemos enamorarnos, seducir y dejarnos seducir ¡desde que somos niños! Solo que en las primarias y secundarias nuestras travesuras amorosas son más ingenuas que en el bachillerato o la universidad. El escalamiento en cuanto a lo que la gente se atreve a hacer en materia de erotismo es creciente, hasta llegar al máximo de atrevimiento ¡que ocurre en el trabajo! Sin ser moralistas, podríamos decir: Que cada persona haga lo que quiera con su vida sexual, porque estas prácticas corresponden a la esfera privada de los individuos. ¡Pero, un momento!

La ciencia ha demostrado axiomáticamente: que el interés sexual es superior a cualquier otro interés. Los roces eróticos producen tal efecto psicológico de atracción, que la persona se olvida de comer, de convivir con otros, y por supuesto, de trabajar. Es un hecho. Los empleados que mantienen romances o juegos sexuales en la oficina, **trabajan a la mitad de su capacidad**. Están siempre distraídos, ocupados en obedecer los instintos hormonales por encima de cualquier otra prioridad.

Un equipo de trabajo erotizado es un equipo perdedor. El jefe que acosa sexualmente a alguna subordinada, debe ser expulsado del equipo sin derecho a apelación. Ha llegado el momento de poner reglas y ***obedecerlas***. Sea quien sea la persona que te atrae sexualmente o a quien tú le atraes, hablen, formalicen su relación, si pueden, o, de lo contrario, dejen de toquetearse en la oficina.

Cuando Joch conoció a Isabel, sintió tal atracción por ella que hizo una serie de cambios en su rutina laboral: se comidió para actividades que no dominaba y abandonó otras en las que era indispensable, ¡todo para estar cerca de ella! Entraba a su oficina con mucha frecuencia.

A los tres meses de conocerla, le hizo insinuaciones sexuales. Ella no se ofendió, pero tampoco le siguió el juego. Entonces Joch descuidó aún más sus responsabilidades y se dedicó a conquistarla.

Un día llenó su oficina de flores. Compró varias docenas y tapizó con ellas paredes y muebles. Isabel se quedó pasmada cuando entró al despacho. Llamó a la señora del aseo e hizo tirar todas las flores a la basura. Luego le dijo a Joch:

—Aquí soy directora de Recursos Humanos; una de las reglas que he puesto ¡y exijo!, es que en esta empresa están prohibidos los romances y juegos sexuales.

—¡Pero yo no quiero un romance contigo ni un juego sexual! ¡Quiero que nos casemos!

—Estás loco.

—En eso tienes razón. Estoy loco por ti.

47

INCUMPLIMIENTO DE TIEMPOS

Con frecuencia asisto a eventos programados, por ejemplo, para empezar a las siete de la noche; es el horario impreso en la propaganda y en los boletos de entrada, pero los organizadores me susurran al oído con artimaña: «En realidad empezaremos a las siete y media porque en esta ciudad, la mitad de la gente llega tarde; es lo normal». Esos organizadores no entienden que su astucia es irresponsabilidad (y su lentitud, idiotez). Si en un evento hay mil personas (perdón, quinientas, porque las otras no han llegado), *treinta minutos de retraso significa quince mil minutos perdidos*, es decir *doscientas cincuenta horas*: ¡Diez días completos de productividad y actividades útiles tirados a la basura! ¿Quién les da derecho a robarles a los demás su moneda más preciada?

► ¿Por qué nos atrevemos a citar a un proveedor (creyendo que nosotros somos sus clientes y los clientes mandan) a las once para atenderlo a las doce?

► ¿Por qué los médicos hacen esperar a sus pacientes durante tardes enteras?

► ¿Por qué si la junta está programada para realizarse en sesenta minutos, empieza una hora tarde y termina dos después?

► ¿Por qué si la factura se vence el día tres, la pagamos el treinta (de dos meses después)? ¿Por qué no podemos comprender que el **CUMPLIMIENTO DE COMPROMISOS** es el indicativo más claro de ética personal y empresarial?

"Calma. De todos modos te voy a pagar, algún día". Alega el negligente. "Claro que me vas a pagar (habrá que contestarle), tarde o temprano, por la buena o por la mala, pero la confianza que te tengo no proviene de si me pagas o no, sino de ***cuándo*** lo haces". Cualquiera puede hacer lo que sea si le das tiempo ilimitado, pero solo los inteligentes actúan rápido y con exactitud. En este contexto, la lentitud es también sinónimo de deshonestidad. El "cuándo" hace toda la diferencia entre un pillo y una persona decente. Si de todos modos tenemos que pagar, de nada nos sirve calentar el dinero debajo del colchón, o tenerlo en el banco unos días más (los bancos ya ni siquiera dan intereses por eso); hay que pagar cuando acordamos, ¡incluso antes! Que la gente nos identifique como buenos pagadores.

En TIMING nada funciona si no se respeta el tiempo. Con riesgo de sonar malinchista, *pero estoy diciendo la verdad*, uno de los indicativos más consistentes de los países progresistas o del primer mundo, es el respeto al tiempo (todo se hace con horario *inglés*, o con exactitud *suiza*, o en puntualidad *alemana*), mientras el indicativo de países tercermundistas es "aquí todo lo dejamos a última hora y siempre llegamos tarde; es lo normal". ¿Queremos progresar? Cambiemos nuestra mentalidad tercermundista y cumplamos con los tiempos.

48

CONFLICTOS SOLUCIONABLES

Todos somos responsables del barco en que navegamos. Nos conviene que le vaya bien porque nosotros viajamos en él. Es un principio elemental: Por eso, no esperes a que llegue "el jefe" a poner orden. Cada uno de los miembros del grupo debemos dar **MANTENIMIENTO ACTIVO** al equipo. A veces, una palabra de aliento o una llamada de atención a quien está rompiendo la **SINCRONÍA,** pueden salvarles la vida a todos los pilotos del grupo acrobático. Ante la **DEGRADACIÓN OPERATIVA** no te conformes, no te acostumbres, no tomes las cosas a la ligera. Atrévete a crear **CONFLICTOS SOLUCIONABLES** de manera intencional. Si lo haces inteligentemente, vendrán soluciones. Deja de ser la persona **DISMINUIDA** ‡, supuestamente pacifista que soporta la **DEGRADACIÓN OPERATIVA** con tal de no hacer enojar a otros.

Aunque la gente se inconforme de momento ¡decídete a poner un alto a la **DEGRADACIÓN OPERATIVA**! Un buen padre, por ejemplo, sabe cómo reprender a su hijo **haciéndolo sentir mal** por unas horas, en aras de corregir su conducta y generarle bienestar a largo plazo. Dale mantenimiento a tu equipo. Hacerlo no es cuestión de jerarquías o liderazgo autoasumido, sino de simple y llana conciencia práctica. No puedes permitir que el edificio donde vives se venga abajo contigo adentro, solo porque no tuviste las agallas de darle **MANTENIMIENTO ACTIVO.**

APRENDE A ENOJARTE y permite que se enojen contigo quienes no hagan bien las cosas. Es sano poner los puntos sobre las íes, siempre de forma cortés, dispuestos a ser tajantes y generar un conflicto si es necesario. Pero tampoco te **SOBRES** ‡. Al crear un conflicto jamás uses palabras soeces, no digas groserías, no insultes. Sé objetivo(a). Primero expón hechos concretos y después di cómo te sientes (nunca al revés). Por ejemplo, si dices algo así como: «¡Maldita sea! Te odio. Por eso ya no te quiero volver a ver. Lárgate, imbécil». Tus palabras crearán un conflicto **NO SOLUCIONA-**

BLE, porque le habrás faltado al respeto a tu interlocutor expresando solo emociones subjetivas. Pero si por ejemplo le dices: «Tu conducta nos confundió, y generó pérdidas; hiciste y dijiste esto... ....por tal motivo me siento preocupado; sin que te ofendas, necesito que las cosas cambien por bien del equipo». Tus palabras crearán una tensión (o incluso enojo), pero SOLUCIONABLE. Al enfocarte en los hechos concretos y medibles tienes el control del conflicto; ¡eso pone a todos en SINCRONÍA!

En el teatro con los trabajadores de la empresa, pude terminar la explicación del temario sin problema. La gente escuchó más atenta que nunca. Una nueva ola de pensamientos desafiantes comenzó a configurarse en el ambiente; podía percibirse que el ánimo generalizado se encaminaba más hacia la reconstrucción que a la destrucción. Entonces Camilo, el asistente del *gran jefe*, levantó la mano.

—Quiero confesar algo —todos lo miramos al unísono; el muchacho no era aficionado a la exposición pública; se conocía como introvertido y temeroso de su jefe—. Muchos ya lo saben, pero otros no —entonces lo dijo sin tapujos, con voz aguda y clarísima—. Yo robé el expediente que compromete a la empresa. Se lo di a Serrano. Me arrepiento mucho. No medí las consecuencias.

TERMINOLOGÍA

Con base en lo estudiado y en tus propias reflexiones, define las siguientes palabras. Haz este ejercicio con honestidad; (al final del curso compara tus respuestas con el GLOSARIO OFICIAL COMPLETO que puedes descargar en WWW.METODOTIMING.COM).

A partir de hoy, usa los términos en tu vocabulario diario:

(62) Sumas potenciadas.
(63) Degradación operativa.
(64) Mantenimiento activo.
(65) Principio entrópico.
(66) Sincronía.
(67) Fallas por desatención.
(68) Descalificación.
(69) Deterioro visual.
(70) Subversión.
(71) Rutinas enviciadas.
(72) Juegos sexuales ilícitos.
(73) Incumplimiento de tiempos.
(74) Conflicto solucionable.

7ª SEMANA

FORTALECIMIENTO DEL LIDERAZGO

Estás en RP+ ⇨ **GESTIONAS TUS ACTOS, FORMAS Y CREENCIAS CON CALIDAD** ⇨ usas **MOTORES DE RENDIMIENTO** ⇨ te **COMUNICAS CON PODER** ⇨ aplicas **TÁCTICAS DE UNICIDAD** ⇨ SINCRONIZASTE A **TU EQUIPO** ⇨ ahora **FORTALECE TU LIDERAZGO.**

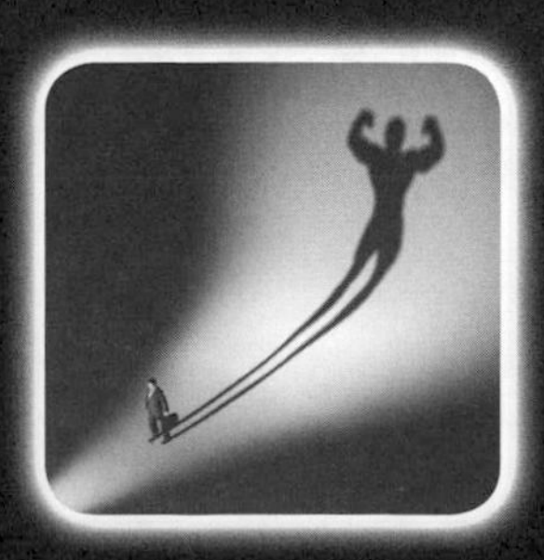

49

DEGRADACIÓN OPERATIVA DEL LÍDER

La audiencia guardó silencio esperando que Camilo terminara.

—Me cansé de tanta **DESCALIFICACIÓN, RUTINAS ENVICIADAS, PROMESAS INCUMPLIDAS** —se quejaba entre líneas de su jefe el *toro sentado*—. Aquí cada año las cosas empeoran y yo ya no aguanto más. Después de lo que estoy diciendo tal vez me despidan; pero en este curso he aprendido que debemos dar la cara a los problemas y gestionarlos. Aunque pierda mi empleo, tengo que decirlo: Le di el expediente a esas personas porque me deslumbraron con la idea de que los trabajadores podíamos ser dueños de la empresa —se enorgullecía y se avergonzaba a la vez—. Actué como un ignorante. Sin embargo, creo que todavía podríamos unirnos para contrarrestar el error.

—¿Cómo? ¿De qué hablas? —preguntó alguien desde el otro lado del auditorio.

—En realidad, el poder legal que ellos tienen no proviene de ese expediente, sino del acta que muchos de nosotros firmamos dándole potestad al nuevo sindicato para que orqueste varias demandas contra la empresa ante la Secretaría del Trabajo, la Junta de Conciliación, la Comisión de Derechos Humanos, la Procuraduría de Justicia.

¡Ese era el verdadero problema! Durante años, la empresa había estado protegida de la corrupción sindical gracias al contrato colectivo que había mantenido con una confederación *pacifista*, pero ahora, le habían cedido el poder a un grupo que no lo era.

—¿Qué decía esa acta? —preguntó el presidente de la Compañía—. ¿Cuántos la firmaron? ¿Se quedaron con copia? ¡Nuestros abogados deben verla!

Si alguien tenía una respuesta, no se animó a expresarla. Hubiera sido tanto como delatarse traidor en un sitio donde las voluntades apuntaban hacia la adhesión del equipo. Entonces Joch intervino:

—Yo soy amigo de Serrano, el hombre que organizó desde afuera este zafarrancho. Ustedes saben que Serrano quedó paralítico después del accidente. Ha tenido mucho tiempo para pensar a solas y analizar los errores que lo pusieron en una silla de ruedas. Él fue quien comenzó a escribir una lista de quejas. La mayoría de ellas tenía que ver con los errores gerenciales de la empresa. Dedujo que a fin de cuentas, si las cosas están mal es porque los líderes internos están mal. Entonces se alió con otras personas que comenzaron a propagar el plan de quitar a todos los gerentes para que el resto de los trabajadores pudiera asumir el control de la Compañía. Yo estuve en algunas de esas reuniones y vi cómo la gente enfermó de poder. Me enemisté con ellos, pero siguieron tramando el golpe. Redactaron un acta con la lluvia de ideas más negativa y copiosa que he visto. La hicieron circular entre nosotros. La cosa está fea, pero pienso igual que Camilo: Aún podríamos contrarrestar el problema si todos nos ponemos de acuerdo en retractarnos y declarar lo contrario de lo que algunos firmaron y afirmaron.

Joch dejó la apostilla de que él no secundó esa sedición. El recinto permaneció en silencio. Desdecirse sonaba viable, pero no suficiente, porque muchos trabajadores habían protestado legítimamente por las graves fallas del liderazgo interno y nada les garantizaba que al retractarse de ellas, las fallas desaparecerían. Para que la empresa volviera a estar unida, los mandos internos como GJ-TS y muchos otros, debían aprender a ejercer su liderazgo.

EL LIDERAZGO también SE CONTAMINA CON EL TIEMPO. Requiere vigilancia constante y **MANTENIMIENTO ACTIVO.** Por el simple hecho de formar parte de un equipo, necesitas poner tu **LIDERAZGO EN TIMING↦**, pero sobre todo si en tu trabajo eres *jefe de área, coordinador, rector, superintendente, supervisor, gerente, gestor, administrador, consejero, profesor, regente, director, tutor, mentor, coach, o asistente de alguno de ellos.*

Las ISLAS DE PODER son indicio de un mal liderazgo: Grupos que se aíslan comandados por jefes a quienes les gusta ostentar su autoridad. Individuos inseguros que tratan de encumbrarse aplastando a los demás. (El típico hombre incompetente que maltrata emocionalmente a su esposa brillante para opacarla y encumbrarse sobre ella; o el sapo que le escupe a la luciérnaga solo porque emite luz).

Un LÍDER crea ISLAS DE PODER *cuando*: esconde información para que nadie sepa lo que él sabe; no capacita a los demás; se pelea con otros jefes (dice que todos son unos ineptos); ostenta su credencial, sus diplomas, su supuesta amistad con los dioses del Olimpo; tiene consentidos que le informan todo lo que hacen "los otros"; se rodea de aduladores (lambiscones que le hablan bonito al oído); busca gente obediente, moldeable, dependiente, que a todo diga "sí, señor"; solo conoce una forma de motivar a sus trabajadores: con dinero, así que se la pasa sobornándolos y prometiéndoles premios económicos que no cumple; llega tarde, grita, manda, ordena, hace berrinches y se encierra a no hacer nada productivo; premia y castiga sin lógica alguna; no sabe motivar.

Esta semana tenemos un gran reto. Limpiar el liderazgo interno de la empresa. Empezando por tu propio departamento. A partir de hoy, seguirás acciones muy concretas. ÉSTE ES EL DESAFÍO:

- ✓ Facilítale la información a tus colaboradores. Dales tus contraseñas para que puedan entrar a archivos importantes. Muéstrales donde están los documentos críticos.

- ✓ Capacita a tu gente. Enséñala a hacer lo que tú sabes hacer.

- ✓ Visita a los otros jefes y dales una mano sincera. Arregla tus diferencias con ellos.

- ✓ Nunca más presumas tu amistad con los dioses del Olimpo. En vez de eso, convive con "el pueblo" y disfruta legítimamente su compañía. Después de todo perteneces a él.

- ✓ Jamás vuelvas a preguntar a algunos consentidos cómo trabajan los demás. Compruébalo tú mismo.

- ✓ Rodéate de gente capaz, que piense diferente a ti, que te rete, te cuestione, que aunque no te hable bonito al oído, trabaje bien.

- ✓ Dale a tu gente un buen salario económico, pero sobre todo un gran sueldo moral. Motívala en sus emociones.

- ✓ Premia y castiga de forma adecuada.

- ✓ Llega temprano. Sé una persona de altísima productividad. Enseña con el ejemplo.

50

DIÁLOGOS DE EMPODERAMIENTO

El GJ-TS se mostró desinteresado en el tema. Su gestión directiva era una muestra exacta de todo lo que no debería hacerse. Cuando tuve oportunidad, lo abordé.

—Te noto muy distraído en el curso.

—¿Puedes creer lo que hizo ese imbécil, gusano, desgraciado de Camilo? Vendió el expediente, presentó su renuncia, ¡se largó de la empresa!, y antes de irse, me acusó con el director de "lo mal jefe que soy"!

—Lo maltrataste mucho. No hay enemigo pequeño.

—Lo traté conforme las reglas del sistema. ¿Eso es tan difícil de entender? Por Dios, no somos niños. Las empresas se rigen por sistemas.

—¿Pero charlabas con él? ¿Lo escuchabas? ¿Mantuviste diálogos constructivos? ¿Lo motivabas cuando hacía bien las cosas y lo guiabas si se equivocaba?

—La gente está aquí para hacer su trabajo y ganar un sueldo, no para que le des biberón y le cambies el pañal. Yo no soy niñera de nadie. Aunque, eso sí, ¡tengo buenas relaciones con todo mi equipo "en general"!

—Discúlpame, *gran jefe*. Los trabajadores que te reportan a ti, además de un sueldo necesitan sentirse comprometidos con la organización, y el compromiso proviene de algo muy simple: "el respeto a su líder". Ellos quieren jugar el juego que tú les plantees, sin embargo eso no ocurrirá a menos que mantengas una buena relación "individual" con cada uno.

El GJ-TS movió la cabeza. Mis palabras lo exasperaban.

Las relaciones grupales no existen. Solo las de persona a persona. Podemos sentir que nos llevamos bien con nuestro equipo "en general", pero eso es siempre una falacia. **La gente personifica a las organizaciones**. Por ejemplo, dile a alguien que, quieres ayudarlo pero no puedes porque ***el sistema*** te lo impide, y ese alguien sentirá que le estás escupiendo basura a la cara. Para la gente "todo es personal". Nada es grupal ni ***por culpa del sistema***. De modo que si queremos que un colaborador se comprometa con nuestro sistema, él debe percibir que detrás de las reglas del juego, existe un líder digno de aprecio y respeto. ¡Un ser humano con el que se vincula y en quien puede confiar!

Entrevista a tus colaboradores de forma individual, al menos una vez al día. En **TIMING** esto se llama **DIÁLOGOS DE EMPODERAMIENTO:** Visita a cada trabajador bajo tu cargo, pregúntale qué está haciendo, cómo se siente y de qué manera puedes ayudarlo. Si tiene dudas, siéntate a reflexionar con él. De preferencia, no le resuelvas el problema, pero encamínalo. Más tarde, o al día siguiente, vuelve a interactuar con esa persona. Si tuvo un acierto, felicítala. Dile sin rodeos lo que hizo bien, coméntale la forma en que *eso* beneficia al equipo, mírala a los ojos, tócala en el brazo y anímala a seguir metiendo **GOLES DE CALIDAD**.

Si tu colaborador cometió un error, díselo de frente. Pero esta vez, ten mucho cuidado en discernir el porqué. Hay errores que se cometen por desconocimiento. De ser el caso, el error también es tuyo. Te faltó capacitarlo, darle indicaciones claras. Así que no lo regañes. Asume tu responsabilidad y capacítalo. Si el error es una **FALLA POR DESATENCIÓN** (descuido o negligencia), repréndelo. Para reprender a alguien, no vayas a verlo a sus terrenos; mándalo llamar a los tuyos. Mantén una actitud seria. Primero coméntale algo positivo: la forma en que crees en él y lo bien que suele hacer las cosas casi siempre. Luego dile, sin rodeos, lo que hizo mal, las consecuencias de su error y cómo perjudican al equipo. Termina con algo positivo otra vez, (cuánto lo aprecias y esperas lo mejor de él), míralo a los ojos y tócalo.

Estamos hablando de entrevistas cortas. Los **DIÁLOGOS DE EMPODERAMIENTO** no son fiestas ni juicios legales. Son charlas casuales ***de cinco minutos en promedio***. Al líder que las practica, Kenneth Blanchard le llama *ejecutivo al minuto.* Haz que los **DIÁLOGOS DE EMPODERAMIENTO** se conviertan en parte obligada de tu dinámica diaria. Practícalos. Que se vuelvan frecuentes. ¡No seas un líder distante! Cada vez que halles un detalle digno de comentar con tu colaborador, exteriorízalo y haz que su relación individual permanezca **EN TIMING**. ***Te guste o no, tú pones el ritmo***.

51

GRÁFICAS DE RENDIMIENTO

Los abogados lograron contener mediante amparos y contrademandas todas las embestidas legales; sin embargo, temían que en cualquier momento pudiera ocurrir un asalto físico a las instalaciones por aquel grupo que ahora ostentaba el supuesto poder de una demanda colectiva.

El director general convocó a otra asamblea urgente con todos los trabajadores.

—La empresa está en riesgo grave —explicó sin evitar un temblor en su voz—, ustedes lo saben. Algunos de los accionistas han opinado que debemos cerrarla antes de que otros lo hagan. Quieren proteger el poco capital que queda... Eso implicaría que todos quedaríamos desempleados. Por otro lado, si permitimos que un nuevo grupo de control se apodere de la Compañía, ellos moverán a la gente a su antojo. Quitarán un buen porcentaje del personal que hay, y pondrán el suyo.

El **PROBLEMA DE RETROCESO** era más grave de lo que muchos creían. Uno de los abogados tomó la palabra:

—Tenemos la posibilidad de defendernos si logramos levantar un acta ante las autoridades en la que se detalle lo sucedido: el accidente, la incitación de algunas personas externas y la decisión de los empleados, que antes se inconformaron, de retirar a cualquier grupo ajeno el derecho legal para representarlos.

El acta, tal como se comentó en la junta semanal del curso, tendría que estar firmada por cada una de las personas que laboraban ahí.

Isabel tomó la palabra para preguntar si ese nuevo documento podría anular el otro incriminatorio.

—No del todo —respondió el abogado principal—, nuestros agresores seguramente aludirán que ellos levantaron su querella antes que nosotros, pero comprobaremos que quienes firmaron se han retractado y, esta vez, contamos con el apoyo de la totalidad de la gente. Nos iremos a un juicio. El juez decidirá quién tiene la razón. Al menos estaremos en la pelea.

Hubo un silencio de gran zozobra. Joch lo rompió con una declaración tajante.

—Adelante. Si tienen el acta, vamos a firmarla.

Se levantó un murmullo que fue convirtiéndose en polémica. Los abogados pusieron el documento sobre la mesa central y la gente hizo una gran fila. Pero la discusión continuó. Ciertos trabajadores tenían dudas. Otros estaban convencidísimos. Como ocurre con todos los grupos de seres humanos, existían diferentes niveles de compromiso, seguridad y deseos de cooperar. Algunos habían alcanzado un alto grado de empeño y capacidad. Otros se hallaban en medio de un proceso de desarrollo. ¡En esos momentos críticos, necesitaban la guía confiable de sus líderes! Pero la red de liderazgo interno era endeble. Los jefes o supervisores jamás habían practicado la **DIRECCIÓN INDIVIDUAL**, según el **NIVEL DE RENDIMIENTO** de cada persona. Y ese tipo de dirección es clave para lograr progreso.

El NIVEL DE RENDIMIENTO de las personas se determina así:

RENDIMIENTO = empeño + capacidad
EMPEÑO = autoestima + deseos de cooperar
CAPACIDAD = conocimientos + experiencia

Por lo regular, mientras más antiguo es un colaborador en el puesto, más capacidad adquiere, porque con los años gana conocimientos y experiencia, pero tiene un empeño variable, dependiendo de sus ideas y emociones del momento. Analicemos algunos ejemplos. Es importante para determinar cuál es el **NIVEL DE RENDIMIENTO** de las personas que trabajan contigo, e incluso el tuyo propio.

Imaginemos a un trabajador que se incorpora al equipo en condiciones desfavorables. No estaba entusiasmado al entrar, pero con el tiempo se fue comprometiendo, después tuvo sus altas y bajas emocionales; finalmente se estabilizó. Ésta es su **GRÁFICA DE RENDIMIENTO.**

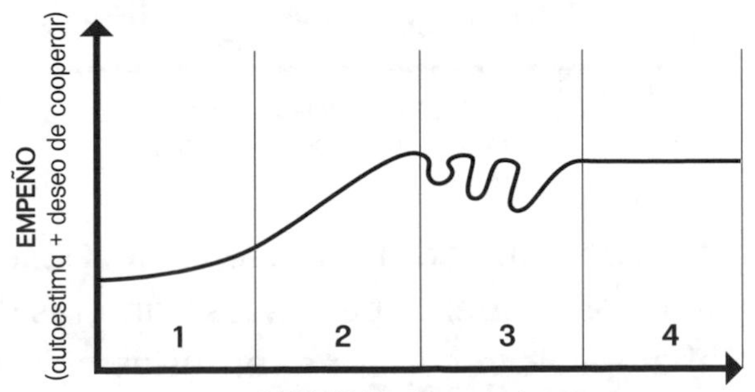

Ahora pensemos en la maestra del movimiento subversivo. Observa cómo inició su labor con gran empeño y fue perdiendo la pasión por enseñar hasta que se volvió negativa en todo lo referente a su empleo. Esta es su **GRÁFICA DE RENDIMIENTO.**

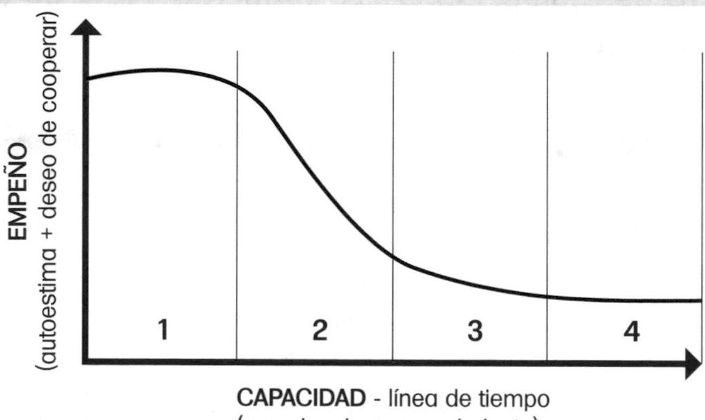

Imagina al trabajador ideal. Observa cómo inicia su labor con un empeño moderado que va aumentando con el tiempo mientras adquiere capacidad.

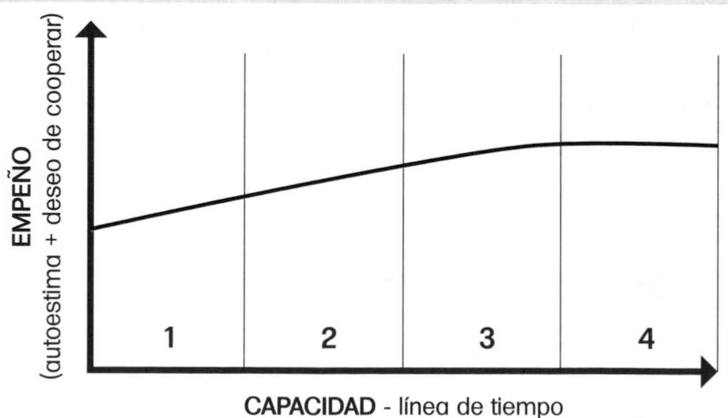

Piensa ahora en un trabajador hipersensible. Observa cómo entra al equipo con empeño, pero a las primeras de cambio se va para abajo; solo recupera el entusiasmo con mucho esfuerzo y a largo plazo.

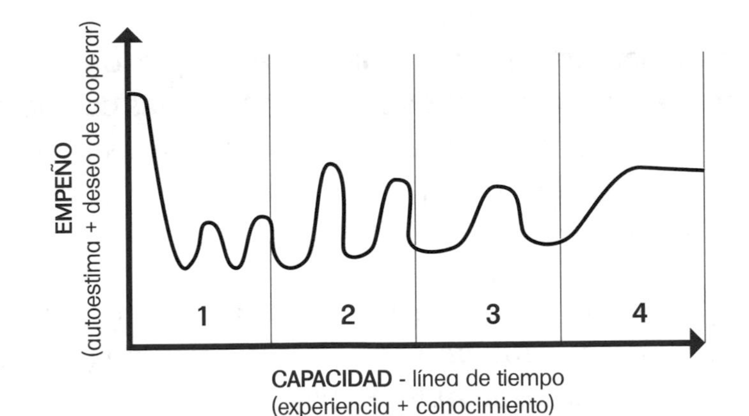

Por último, analiza la gráfica de un trabajador promedio. Casi todas las personas se comportan conforme a ella. Observa que entra al equipo con mucho empeño; después de cometer errores se desanima; luego, su empeño fluctúa hasta que se estabiliza en un nivel realista.

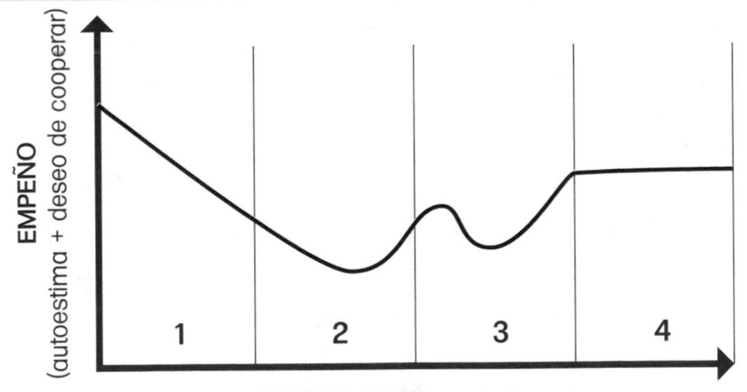

52

ESTILOS DE LIDERAZGO

Las gráficas están divididas en cuatro etapas; corresponden a lapsos de tiempo, que pueden variar dependiendo de las características individuales de las personas; habrá quienes se tarden diez años o más en tener las condiciones de la cuarta etapa y habrá otros que lo consigan en unos meses. Será el líder quien determine el estilo adecuado a usar en cada caso.

1. PRIMERA ETAPA: LIDERAZGO «RECTOR». El colaborador nuevo, recién contratado tiene mucho empeño y poca capacidad. Es entusiasta, quiere opinar y cambiar todo, pero ni siquiera conoce bien la empresa. Con él deberás usar un **ESTILO RECTOR**; sin dejar de ser amable, enfócate en capacitarlo, enseñarle el manual de procedimientos; márcale los objetivos, explícale las funciones de su puesto y las políticas a las que deberá ceñirse.

2. SEGUNDA ETAPA: LIDERAZGO «MENTOR». Tu colega ya se ha instalado bien en el puesto. Ha perdido buena parte del encanto inicial al enfrentarse con la realidad de los problemas. No sabe mucho y está un poco inhibido. Tiene poco empeño y alguna capacidad. Con él, conviene que uses un **ESTILO MENTOR**. Vuélvete su maestro y déjalo participar más; pídele opiniones y sugerencias; permítele tomar decisiones, pero sigue enseñándole.

3. TERCERA ETAPA. LIDERAZGO «CONSEJERO». Tu colega ha madurado en su trabajo. Es capaz de hacer las cosas bien, pero se distrae fácilmente con comentarios y eventos que considera injustos. Así que su empeño fluctúa. Usa un **ESTILO CONSEJERO**, dándole respaldo, permitiéndole mucha participación en todas las decisiones con un mínimo de imposición.

4. CUARTA ETAPA. LIDERAZGO «POR RESULTADOS». Tú colaborador tiene mucha capacidad y empeño estable. Conoce bien su trabajo y puede resolver problemas siempre que quiera. Déjalo actuar. Solo vigila su actitud. Dirígelo **POR RESULTADOS**.

53

SUELDO MORAL

Después de la asamblea, el GJ-TS me invitó a pasar a su oficina. Percibí que el hombre estaba legítimamente agobiado.

—Me encuentro bajo un alto nivel de estrés —su actitud había dejado de ser altanera—, los clientes que nos contrataron para construir aquel puente se están yendo directamente contra mi persona. Dicen que les robé dinero.

Solo él había redactado autorizaciones y recibos inconsistentes para un trabajo que nunca debió llevarse a cabo. Solo él sabía el tamaño de su culpa y el nivel de riesgo en el que se encontraba de sufrir alguna consecuencia legal.

—¿Y tienen razón? —le pregunté—. ¿Conservaste alguna ganancia económica indebida?

—No fue indebida —respondió con un grito—. A ellos se les prestó un servicio. Hay gastos administrativos y de otras índoles que debieron y no quisieron pagar.

—Espera. Se supone que la empresa devolvió al cliente el dinero íntegro que se le cobró por el trabajo. Nadie debió conservar ninguna cantidad y menos para su beneficio personal.

El gigantón hundió más la cabeza en la joroba de grasa. Detecté en sus pupilas el ligero chispazo de alguien que pide ayuda.

—No fue mucho. Pero ya me lo gasté. Compré un auto.

Tuve ganas de gritarle: «Hay una **SÚPER REGLA DE ORO** en los negocios: "**JAMÁS TOQUES EL DINERO DE OTRO**". Y si alguna vez se te ocurre pensar que podrías tocar el dinero de otro sin sufrir consecuencias, da un paso atrás y golpéate la cabeza con un martillo hasta que entiendas la **SÚPER REGLA DE ORO**. El dinero ajeno no se toca», pero me quedé callado para no sonar demasiado didáctico.

—Tal vez puedas vender el auto y depositar esa suma ante el juzgado —le recomendé—; declárala como parte de los honorarios que se recibieron para la construcción del puente.

—Puede ser; lo voy a pensar. Tal vez si le hubiera dado parte a Camilo...

—No estás entendiendo. Es dinero ajeno. Devuélvelo.

—La crisis económica está muy dura. Yo soy gerente aquí y el sueldo no me alcanza.

—¿Y a quién le alcanza? ¿A la secretaria? ¿Al vendedor? ¿Al técnico? ¿Al supervisor? ¿Al director general? ¡Por favor! Esa es una de las grandes lecciones que todo líder como tú, debe aprender y memorizar. Los sueldos nunca alcanzan; pero no por ello podemos infringir la **SÚPER REGLA DE ORO**.

¿Viste que el EMPEÑO de los colaboradores es variable? El trabajador se siente a veces seguro y a veces inseguro; a veces con ganas de cooperar y a veces sin ganas. La razón por la que esto sucede es que tiene conflictos internos con el tema de su paga (económica y moral). Hablemos de esto con claridad: Podemos conquistar el mercado de clientes cautivos y ganar más dinero, pero la verdad, el trabajo en una empresa es muy ingrato, porque:

Ganes lo que ganes el sueldo nunca alcanza. (Y cuando digo nunca, es nunca). Quien recibe un aumento de inmediato hará más gastos o se endeudará más hasta acabar con la misma penuria de antes. El que logra un sueldo realmente excepcional tiene que pagar un precio de estrés y consagración tan alto, que tarde o temprano acaba renunciando o en el hospital. Así que desde el afanador hasta el gerente general, pasando por todos los puestos operativos y de mandos intermedios, cualquier persona con la que te encuentres en la empresa, cojea del mismo pie. *El sueldo no le alcanza*. Debemos preguntarnos entonces ¿si a cualquier persona de la Compañía (con la que te topes) el sueldo no le alcanza, por qué trabaja ahí? ¿Qué hace que millones de seres humanos en todo el mundo se reúnan cuarenta horas o más a la semana en sus lugares de trabajo si el sueldo que van a ganar no les alcanzará? La respuesta es tan evidente que resulta absurdo que no sea uno de los temas prioritarios en toda organización. **Un individuo trabaja, sí por el dinero**, pero ***sobre todo*** por el **SUELDO MORAL**.

Con ello, la persona logra:

- ✓ Sentirse útil.
- ✓ Sentirse importante.
- ✓ Sentir que sirve a otros.
- ✓ Sentir que ha logrado un estatus y un prestigio.
- ✓ Sentirse con más experiencia cada vez.
- ✓ Sentir que hace las cosas bien.
- ✓ Sentir que tantos años de estudio le sirvieron para algo.
- ✓ Sentirse honesto.
- ✓ Sentirse productivo.
- ✓ Sentirse con derecho a descansar.
- ✓ Sentirse reconocido.
- ✓ Sentirse necesario.
- ✓ Sentirse premiado oportunamente.

La mayoría trabajamos por cuestión sentimental. Sí; el dinero nos interesa, pero lo que realmente nos mantiene en un puesto laboral son las emociones positivas. Al momento en que alguien las pierde por completo, se va a la calle, toma un arma y se vuelve delincuente. Así que no nos hagamos tontos. La gente a tu alrededor está ávida de **SUELDO MORAL**. ¡Para eso va a la oficina! ¡No seas una persona tacaña, cicatera y mezquina en ese aspecto! Que tu **COMUNICACIÓN PODEROSA** motive a todo aquel con el que te cruces. ¡No te cuesta nada decirle a la recepcionista lo bien que suena su voz al teléfono! (le harás el día). No es difícil felicitar a la señora que limpia los baños por lo bien que hace su labor (eso la hará más feliz que una moneda). Tampoco, por supuesto, te cuesta nada decirle a tu colaborador cercano o incluso a tu jefe que realizó extraordinariamente el último trabajo.

54

PREMIOS OPORTUNOS

Algunos elementos fundamentales del **SUELDO MORAL** son los **PREMIOS OPORTUNOS**:

- ✓ Elogios en privado.
- ✓ Elogios en público.
- ✓ Reconocimientos con valor a currículum.
- ✓ Diplomas.
- ✓ Medallas.
- ✓ Permisos de horas o días libres.
- ✓ Permisos para salir temprano alguna vez.
- ✓ Trabajos y actividades preferidas.
- ✓ Promociones y ascensos.
- ✓ Educación, cursos

✓ Rotaciones temporales con fines de aprendizaje.
✓ Diversión, fiestas, boletos para espectáculos o deportes.
✓ Viajes. Pasajes y hospedajes para vacaciones.

Ahora bien, hay que saber cuándo y a quién premiar. El GPM (Gran Principio del Management) de Leboeuf, asegura que las personas no hacemos lo que deberíamos porque malinterpretamos el mensaje de los premios.

> Un gato traía entre sus garras a un pobre conejo. Los vecinos que estaban reunidos tomando brandy vieron la escena y liberaron al conejo malherido. Luego, para que el gato no se enojara, le dieron de beber un poco de brandy. El gato, borracho, se alejó. A los pocos minutos regresó trayéndoles entre las garras a dos conejos más.

DIEZ CONSEJOS PARA BRINDAR PREMIOS A TU GENTE:

1. No premies a LOS QUE POSTERGAN. Esos pachorrudos que dejan todo para mañana. Premia a los que toman el toro por los cuernos, solucionan bien y rápido.
2. No premies a LOS QUE NUNCA SE EQUIVOCAN. Esos cautelosos que tienen miedo a decidir y actuar. Recompensa a quienes toman riesgos inteligentes y se mueven.
3. No premies a LOS TRADICIONALISTAS. Esos que odian los cambios y reprimen la innovación. Recompensa a los creativos, a los que siempre están buscando hacer cosas diferentes y mejores.
4. No premies a LOS APAGA INCENDIOS. Esos que no prevén y se la pasan arreglando los problemas de forma superficial. Recompensa, en cambio a quienes planean y anticipan a largo plazo.

5. No premies a LOS QUE FINGEN ESTAR MUY OCUPADOS. Detecta a esos teatreros que alargan el tiempo de su labor para no recibir más trabajo y llámales la atención. Premia a los que de verdad avanzan, terminan pronto y hacen más de lo que deberían.
6. No premies a LOS EGOÍSTAS POCO COLABORADORES. Premia al que resuelve malos entendidos, fortalece al equipo y ayuda a otros desinteresadamente.
7. No premies A LOS ESCANDALOSOS. Esos que hablan mucho y no hacen nada. Localiza el buen comportamiento silencioso y prémialo.
8. No premies a LOS QUE IMPLANTAN PROCEDIMIENTOS INÚTILES. Esos burócratas a los que les gusta complicar todo y poner trabas. Premia la simplificación.
9. No premies LA ROTACIÓN DE PERSONAL. Premia la lealtad, promueve a tu gente; contrata personas externas para puestos y sueldos inferiores con opción a desarrollarse internamente.
10. No premies el TRABAJO RÁPIDO DE CALIDAD MEDIOCRE. Recompensa lo bien hecho. Estimula a los perfeccionistas.

55

CONVICCIONES CORPORATIVAS

La empresa se comporta como una gran persona; de hecho, legalmente es una *persona moral*. También tiene los mismos TRES NIVELES DE GESTIÓN: SUS ACTOS (los productos que procesa y vende), SUS FORMAS (los procesos internos y externos que utiliza) y SUS CREENCIAS (las ideas que flotan en el ambiente y constituyen el común denominador ideológico de la gente que trabaja ahí); **esas son las convicciones corporativas**. ¡Se tienen, se viven, se profesan, aunque no se escriban ni estén colgadas en un cuadro de la recepción!

Las CONVICCIONES CORPORATIVAS se transmiten en silencio. Provienen de las creencias y conducta de los líderes. De nada sirve que un grupo de directivos intente cambiar las convicciones de sus subordinados, si ellos no lo hacen primero.

> En una empresa que asesoré, se implementó un sistema de ALTO RENDIMIENTO PERSONAL. Los dueños invirtieron en conferencistas, facilitadores, materiales y formatos, y hasta organizaron una fiesta para entrega de diplomas cuando terminó el curso. Pero varios gerentes pensaban, en secreto, que todo eso era una pérdida de tiempo, pues solo complicaba procesos. Durante los meses siguientes, ninguno de los gerentes hizo referencia al curso. No revisaban las supuestas tareas, no se basaban en los nuevos formatos de evaluación, no usaban la terminología, ni el lenguaje, ni los objetivos planteados. Obviamente, todos lo olvidaron.

Hay ciertas pautas que nos permiten saber si las CONVICCIONES CORPORATIVAS en la empresa son sanas o no. Según parámetros del OCI (Organizational Culture Inventory), con frecuencia el líder no tiene idea de lo que sus colaboradores perciben en el ambiente de trabajo. Por eso es importante preguntarles. Voy a darte una lista básica para que cotejes con ellos si las condiciones ideales se cumplen. De no ser así, deberás modificar tus propias fórmulas para generar cambios positivos. Porque todo comienza en el líder. Comienza en ti.

Convicciones corporativas sanas respecto a
ESPÍRITU DE UNIÓN

- □ Los integrantes de nuestro grupo somos más que simples compañeros; somos amigos.
- □ Todos en el equipo nos valoramos como personas y apreciamos el trabajo que hace cada uno. Hablamos bien unos de los otros.
- □ Cuando alguien está en problemas, lo ayudamos; colaboramos entre nosotros y nos apoyamos ante cualquier necesidad.
- □ Nos enseñamos unos a otros, compartimos nuestra información y experiencia sin celos o reservas.
- □ A todos nos interesa que el trabajo del grupo se termine y se haga bien, por eso nos ayudamos con los asuntos pendientes.
- □ Cuando hay problemas, no buscamos culpables; no nos acusamos entre nosotros; nos enfocamos en las soluciones.
- □ Evitamos las ISLAS DE PODER, nos llevamos bien entre diferentes departamentos o áreas; todos queremos lo mejor para la empresa.

Convicciones corporativas sanas respecto a
IMPULSO A LAS PERSONAS

- □ En esta empresa nos capacitan bien y después nos dejan trabajar; no nos están vigilando todo el tiempo porque confían en nosotros.
- □ Nos brindan las herramientas y recursos que necesitamos para hacer bien nuestra labor.
- □ Nos pagan lo mejor posible, pero sobre todo nos brindan un sueldo moral alto: reconocen nuestros aciertos e incluso nos felicitan a veces.

- □ Se preocupan genuinamente de que nos sintamos bien en la jornada diaria; nos dan un trato digno.
- □ Aquí todos podemos expresar nuestras ideas con la seguridad de que seremos escuchados. Nuestras sugerencias y soluciones son tomadas en cuenta.
- □ Es aceptable que cuestionemos los procedimientos siempre que lo hagamos de manera constructiva; se busca mejorar en todo.
- □ Existe tolerancia; los errores que cometemos son tomados como una oportunidad de aprendizaje.

Convicciones corporativas sanas respecto a
HONORABILIDAD

- □ En esta empresa las personas son sinceras; no te meten en chismes, no te mienten, ni tratan de manipularte.
- □ Aquí la palabra vale; los directivos siempre cumplen las promesas. Nosotros también.
- □ Todos somos informados oportunamente de las decisiones corporativas y del rumbo que lleva la compañía. No se dan los rumores.
- □ En esta empresa no hay favoritismos, todos somos tratados con igualdad y tenemos las mismas oportunidades de aumentos o premios.
- □ Las personas ascienden por sus méritos, no por tener buenos contactos.
- □ La empresa se preocupa por el equilibrio personal y la salud; a nadie se le fuerza a trabajar de más cuando se siente mal o tiene compromisos familiares.

Era viernes por la tarde.

Faltaban solo dos horas para que la jornada terminara; los trabajadores de la empresa estaban cerrando sus computadoras y concluyendo los ciclos de la semana, entre agotados y entusiasmados por la proximidad de descanso. Las diferentes cuadrillas de campo habían llegado para entregar sus uniformes y herramientas en el resguardo.

De pronto, se escuchó una sirena de alarma. El vigilante la había activado. Solo se usaba para simulacros de incendios y terremotos. Nunca antes se había empleado en una emergencia real. La gente comenzó a salir de las oficinas y a reunirse en el patio. ¿Qué sucedía? Había alboroto y gritos en la calle. Los portones de metal se bamboleaban a causa de palazos y pedradas provenientes del exterior.

El policía de la caseta mantenía activada la alarma. No se trataba de un simulacro. En el patio central, los trabajadores iban de un lado a otro. Había confusión.

—¿Qué está pasando? —preguntó Isabel.

—Es un grupo de choque —informó el vigilante por el walkie talkie—. Son como cincuenta personas. Quieren entrar. Traen banderas de huelga. Vinieron en camiones de redilas.

El mismo director llegó al patio donde se iban reuniendo la totalidad de los trabajadores siguiendo los protocolos de emergencia.

—Pida apoyo a la policía —le ordenó el director al vigilante de la caseta—. Llamen a nuestros abogados. ¡Esa gente no puede entrar por la fuerza!

Pero sí podía.

Las aldabas que aseguraban el portón cedieron ante los embates de la turba. Irrumpieron en el patio decenas de hombres armados con palos, esgrimiendo pendones rojinegros; de inmediato se dispersaron invadiendo el lugar, sellaron oficinas, elevadores, almacenes y archivos. En pocos minutos la empresa se vio ensombrecida por cientos de banderas que la exhibían clausurada por una huelga apócrifa.

Los trabajadores no hicieron sino quedarse quietos, congregados en el centro del gran solar, como un rebaño de ovejas que ha sido cercado. Al fin, un hombre pequeño pero musculoso, con cuerpo de luchador (solo le faltaba la máscara) se acercó al grupo de empleados e informó.

—Las operaciones de esta empresa han quedado suspendidas hasta que se lleve a cabo la junta de conciliación entre los dueños y el nuevo sindicato. A partir de ahora, entrarán en vigor condiciones más favorables para los trabajadores. En caso de que no se llegue a un acuerdo, la empresa quedará en manos de ustedes —se dirigió a los empleados—. ¿Qué les parece? —hizo una pausa triunfal como si esperara que todos le aplaudieran. Pero nadie secundó su moción. La gente permaneció en silencio absoluto. El director general salió al frente.

—Nuestros verdaderos representantes sindicales vienen para acá; a ustedes ni siquiera los conocemos.

—¡Más vale que ni se aparezcan! Aquí yo tengo las actas protocolizadas en las que sus trabajadores solicitan nuestra intervención —comenzó a leer nombres y apellidos a todo pulmón.

—¡Espere! —Isabel interrumpió la enumeración—. ¡Ya no hay nadie aquí que desee cerrar la empresa o ponerla en venta! Este lugar es nuestra fuente de trabajo. Estamos comprometidos con él. Lo queremos y no vamos a destruirlo.

—Papelito habla —el cabecilla golpeó el documento que traía en la mano—. Tengo más de cincuenta firmas que dicen lo contrario.

—Nosotros también levantamos un acta —dijo ella; pero el luchador desenmascarado la interrumpió.

—¿Dónde está Camilo Cepeda? Quiero hablar con él.

—Camilo ya no trabaja aquí —dijo Tomás—. Y es verdad. Ustedes no tienen nada que hacer en este lugar. Ninguno de nosotros los vamos a apoyar.

—Así es —secundó Joch—, váyanse.

—¡Es cierto! ¡Váyanse! —se desató una retahíla de gritos.

—¡Largo!

—¡No los queremos!

—¡Fuera!

En ese momento llegó un camión del sindicato original. Sus ocupantes apenas estaban bajando cuando los usurpadores armados con palos y piedras se fueron contra ellos cual la ola de un tifón que acomete a turistas desprevenidos; como monos que se descuelgan por los árboles, los recién llegados alcanzaron el piso y los dos grupos pelearon a golpes. Al ver la dimensión de la trifulca, los trabajadores de la empresa comenzaron a correr en todas direcciones para esconderse. Era imposible saber a qué bando pertenecían los que se masacraban. Solo ellos se reconocían entre sí.

La policía jamás apareció.

Después de media hora de pendencia colectiva y anárquica, hubo un momento de calma. Había decenas de heridos en el suelo. El cabecilla de los usurpadores anunció.

—¡Estas instalaciones están tomadas, y la empresa se ha declarado oficialmente en huelga! Nosotros nos quedaremos aquí, haciendo guardia.

TERMINOLOGÍA

Con base en lo estudiado y en tus propias reflexiones, define las siguientes palabras. Haz este ejercicio con honestidad; (al final del curso compara tus respuestas con el GLOSARIO OFICIAL COMPLETO que puedes descargar en WWW.METODOTIMING.COM).

A partir de hoy, usa los términos en tu vocabulario diario:

- *(75) LIDERAZGO FORTALECIDO.*
- *(76) ISLAS DE PODER.*
- *(77) DIÁLOGOS DE EMPODERAMIENTO.*
- *(78) GRÁFICAS DE RENDIMIENTO.*
- *(79) NIVEL DE RENDIMIENTO.*
- *(80) LIDERAZGO RECTOR.*
- *(81) LIDERAZGO MENTOR.*
- *(82) LIDERAZGO CONSEJERO.*
- *(83) LIDERAZGO POR RESULTADOS.*
- *(84) SUELDO MORAL.*
- *(85) SÚPER REGLA DE ORO.*
- *(86) PREMIOS OPORTUNOS.*
- *(87) CONVICCIONES CORPORATIVAS.*

MÉTODO TIMING

8ª SEMANA

VISIÓN EXPANDIDA

Estás en RP+ ⇨ GESTIONAS TUS ACTOS, FORMAS Y CREENCIAS CON CALIDAD ⇨ usas MOTORES DE RENDIMIENTO ⇨ te COMUNICAS CON PODER ⇨ aplicas TÁCTICAS DE UNICIDAD ⇨ SINCRONIZASTE A TU EQUIPO ⇨ FORTALECISTE TU LIDERAZGO ⇨ ha llegado el momento de EXPANDIRTE.

56

CRECER Y PERMANECER

Yo no estuve presente la tarde en que se enfrentaron a golpes los dos sindicatos, pero lamenté mucho lo sucedido.

Me había encariñado con la empresa y no podía creer el daño que le hicieron.

¡Es asombroso con cuánta velocidad se puede destruir algo que costó tanto tiempo construir!

Organismos y personas depredadoras se encargaron de saquear las instalaciones. Gente externa usó marrullerías para agredir la estructura financiera y quedarse con una tajada del pastel sobre la que no tenía derecho alguno. También, el cliente talador de árboles del puente colapsado, con ayuda de funcionarios corruptos, le dio otro zarpazo a la empresa. Entre indemnizaciones, demandas y cohechos en su contra, literalmente se quedó sin recursos.

La empresa cerró.

Perdí comunicación con el director general.

Incluso Joch e Isabel desaparecieron del mapa.

Como coach del **MÉTODO TIMING**, me sentí profundamente decepcionado. Después de siete semanas de conferencias, ejercicios y prácticas, no pude culminar el curso con la octava sesión; y todos los esfuerzos por cambiar la mentalidad del equipo parecieron infructuosos.

¡No tenía sentido que la empresa hubiese muerto sin dejar rastro! Había algo en su consumación que me irritaba.

Nacimos para crecer y permanecer. No para morir. En nuestros genes existe la consigna de desarrollarnos, conquistar nuevos terrenos, ensanchar nuestra influencia. Y aunque todos los seres humanos eventualmente morimos, solo podemos considerarnos triunfadores en la medida en que dejemos una huella en el mundo y nuestra **PRESENCIA MORAL** permanezca, aún después de que nos hayamos ido.

Las personas altamente productivas no fallecen nunca.

Algunos ejemplos empresariales de hombres muertos que siguen vivos:

Henry Ford	⇨ Autos de combustión interna. Ford M. C.
Sam Walton	⇨ Tiendas Walmart, Sam´s Club.
Ray Crok	⇨ Mc Donalds.
Steve Jobs	⇨ Iphone, Ipod, Computadoras
T. A. Edison	⇨ Aparatos de General Electric.
Walt Disney	⇨ Disney World. Películas de Disney.
William Boeing	⇨ Aviones jet. United Airlines.

A la luz del TIMING, es un sinsentido morir, porque, lo aceptemos o no, *nacemos para crecer y permanecer*. ¿De qué forma? Enseñándole a otros lo que sabemos; dejando un legado escrito, desarrollando discípulos que nos superen; creando sistemas que funcionen por sí solos. Todos admiramos o envidiamos a las organizaciones que se expanden, porque logran el fin para el que fueron creadas: *Desarrollarse e incrementar su valor*.

Tres meses después de que la empresa cerró, recibí una llamada en mi celular. Me encontraba en una junta de trabajo. Al identificar quién me hablaba, salté de la silla, pedí disculpas y salí de la sala.

—Joch. Amigo. ¿Dónde te has metido? ¿Estás bien?

—Sí, estoy bien... Isabel y yo tuvimos que irnos de la ciudad por un tiempo, porque recibimos amenazas de muerte.

—¿Cómo?

—Estuvimos defendiendo a nuestra empresa y la cosa se puso fea.

—¿Isabel y tú viajaron juntos?

—Sí. Estuvimos en Puerto Vallarta quince días. Fue nuestra segunda luna de miel.

—Vaya. Qué bueno. ¿Y ya regresaron? ¿Se calmaron las cosas? ¿La empresa quebró?

—Todo parece más tranquilo ya. Estamos en suspensión temporal de actividades. La gran mayoría de mis compañeros renunciaron. Pero algunos trabajadores seguimos atendiendo clientes de forma privada. Ahora los dueños quieren recomenzar. Abrir otra vez.

—¿De verdad?

—Sí. Por eso te llamé. Estoy con el director general. Quiere saludarte. Te lo comunico.

Se escuchó el roce del aparato pasando de una mano a otra.

—Carlos Cuauhtémoc ¿cómo estás? —su acento sajón nunca le había permitido pronunciar bien mi segundo nombre.

—Bien. Me da mucho gusto saber de ustedes.

—Queremos que vengas a ver nuestras nuevas oficinas. Son muy pequeñas comparadas con las anteriores. Solo quedamos treinta y cuatro personas en el equipo, pero nuestra mentalidad es diferente, gracias al curso que nos diste.

—No tienes idea del gusto que me da oír eso. Creí que habían olvidado todo.

—De ninguna manera. Haznos un examen. Los que estamos aquí nos mantenemos en **RITMO PRODUCTIVO,** apuntamos a la **CALIDAD**, aplicamos **MOTORES DE RENDIMIENTO**, nos **COMUNICAMOS CON PODER**, promulgamos nuestra **UNICIDAD,** cuidamos la **SINCRONÍA DEL EQUIPO** y hemos **FORTALECIDO NUESTRO LIDERAZGO**. Ahora solo necesitamos **volver a crecer**. ¡Por eso te llamamos! Queremos que nos des tu opinión en esta nueva etapa de reestructura. También necesitamos terminar el curso. Me lo están pidiendo a gritos. Nos faltó la última sesión.

57

GRAN PERCEPCIÓN

Las personas físicas y morales sufrimos golpes, ataques y adversidad. Muchas no se levantan de las caídas. La mayoría de la gente jamás logra sus sueños y los negocios quiebran en los primeros cinco años de existencia. Eso no puede sucederles a ti ni a tu organización. Ustedes nacieron para crecer y permanecer. El ambiente mismo conspirará contra su crecimiento. Por eso, cuando las cosas vayan mal deben usar estrategias para mantenerse con vida. Una de ellas es ampliar su percepción.

El requisito para la GRAN EXPANSIÓN es la GRAN PERCEPCIÓN. En esta última semana aprenderás a percibir más, afinarás tu capacidad de visión, audición, olfato e intuición con un objetivo: ***expandirte y consolidar tu predominio***. Si sigues los pasos, casi como si se tratara de un asunto de magia, comenzarás a tener mejor suerte de forma automática. Y, créeme, necesitas «buena suerte» para crecer. Mucha gente está en contra de la palabra «suerte». Pero hay pruebas científicas ampliamente documentadas de las que voy a hablarte.

La buena suerte sí existe y puede propiciarse. No tiene nada que ver con prácticas fraudulentas tan difundidas como la astrología, los horóscopos o la adivinación. Se trata de ciencia aplicada a pequeñas causas que propician grandes efectos; en términos pragmáticos hay personas a quienes la vida parece sonreírles y organizaciones a las que todo les sale bien de forma casi sobrenatural.

Ben Sherwood, en *El club de los sobrevivientes* (Espasa Libros, Madrid España, 2010) refiere al doctor Richard Wiseman, quien ha estudiado **por qué las cosas buenas siempre le suceden a las mismas personas**. El doctor Wiseman diseñó una serie de ejercicios; con ellos pudo determinar quiénes tienen mala y buena suerte en la vida. En uno de sus experimentos les da un periódico a varios voluntarios y hace una competencia: "Díganme cuántas fotografías hay en el periódico". Todos comienzan a contar. Pero en la página 2, un enorme anuncio con letras de cuatro centímetros de alto (¡imagine el tamaño!), avisa: "DEJE DE CONTAR, HAY 43 FOTOGRAFÍAS EN ESTE PERIÓDICO". Varias páginas adelante, otro gran letrero dice: "DEJE DE CONTAR Y DIGA AL INVESTIGADOR QUE HA VISTO ESTE MENSAJE Y HA GANADO 250 DÓLARES". Aunque parezca increíble, la mayoría de los individuos no se dan cuenta de esos titulares. Ni del primero ni del segundo, ¡porque están muy entretenidos contando las fotografías!

El origen de la mala suerte es no ver oportunidades, y por ende, no aprovecharlas. Científicos prominentes de Harvard demostraron que la mayoría de la gente es incapaz de poner atención a aquello que queda fuera de su foco visual. Aunque tenemos una visión periférica muy amplia y podemos apreciar muchas más cosas del mundo que nos rodea, estamos acostumbrados a observar únicamente lo que enfocamos frente a nuestra nariz. Hicieron este experimento: le pidieron a muchas personas que vieran un video en el que dos equipos de jugadores se pasaban la pelota, y que contaran cuántos pases se daban. En medio de la grabación, un individuo disfrazado de gorila pasaba caminando detrás de los jugadores. Al final, la mayoría de la gente ni siquiera vio al simio peludo. Solo contaron los movimientos de la bola. A esto se le llama **CEGUERA POR DESATENCIÓN**. Mientras más **CEGUERA POR DESATENCIÓN** desarrolles, peor suerte tendrás en la vida. El "cambio de suerte" comienza cuando aprendemos a **expandir nuestra *percepción***.

Haz este ejercicio simple:

Cuando llegues a un lugar desconocido en el que vayas a permanecer varias horas (hotel, sanatorio, escuela, salón de congresos, club vacacional, centro de trabajo, etc.), no te sientes en la sala de espera a cruzarte de piernas y mirar el celular; ¡siempre que sea posible y legal, camina por los pasillos! Entra a los diferentes recintos, pregunta qué hay ahí; si alguien te reclama por ingresar a un sitio inusual, contéstale que quieres aprender, conocer y admirar lo que se hace ahí. Por lo regular a las personas les gusta enseñar lo que saben; los ignorantes (como tú y como yo) suelen ser bienvenidos, pero incluso si no es así y te regañan, habrás aprendido algo. ¡Llega hasta el último recoveco! Luego de hacer el recorrido, regresa a la recepción y encuentra a tus amigos. Habrás **EXPANDIDO TU CONTROL**. Técnicamente estás en posibilidad de tener mejor suerte que ellos en ese lugar.

Usa todos tus recursos para ver más allá de lo evidente. Aprende a revisar cada detalle de tu entorno analizando hacia todos lados para detectar los riesgos del ambiente, las rutas de salida en caso de una emergencia, las intenciones ocultas de personas cercanas y sobre todo las maniobras sutiles que necesitarías hacer para tomar ventaja de las circunstancias.

El INDIVIDUO CON BUENA SUERTE hace cuatro cosas: ▶ **camina** más, ▶ **observa** más, ▶ **pregunta** más, y ▶ **lee** más. Mientras otros pierden tiempo charlando intrascendencias, él ya tiene mayor conocimiento del sitio en que se encuentra; si recibe una nueva maquinaria o aparato, de inmediato ve los documentos adjuntos, lee el manual con rapidez, analiza los tableros y se empapa de las posibilidades del nuevo mecanismo; cuando todos se preguntan cómo funciona, él ya tiene respuestas. Si está en una reunión social, habla con más personas desconocidas, intercambia teléfonos y datos sobre a qué se dedican y cómo pueden aportarse valor mutuamente en el futuro. Si llega a una ciudad, estudia el mapa. Si va a un restaurante, lee la carta completa (también con rapidez), intercambia información con el capitán de meseros. Elige las mejores alternativas. No se le va una. Durante su trabajo diario, toma decisiones más acertadas; ¡en términos de **TIMING**, *expande su control*!

58

ENFOQUE MÚLTIPLE

Las nuevas oficinas se hallaban en una ubicación más céntrica. Llegué dos horas antes de la cita. El director general no estaba. Tampoco Joch. En cuanto el vigilante me dejó solo, eché a caminar por los pasillos y cubículos. El lugar era en efecto más pequeño, pero tenía un encanto especial. Aún se hallaba en construcción. Había pintores e instaladores de alfombras. Algunas áreas ya estaban terminadas con acabados impecables. Me dio tiempo de entrar hasta el último rincón.

A mi paso saludé a todas las personas que encontré. Casi todos sonrieron al verme. La mayoría eran rostros conocidos.

Pregunté por Isabel.

Me informaron que, como la nueva plantilla de trabajadores en la empresa era menor, ya no se justificaba tener una gerente de Recursos Humanos. Sin embargo, Isabel **PERCIBIÓ** otras necesidades y estaba haciendo una campaña dirigida a reposicionar la imagen pública de la empresa. Se había convertido en la nueva consultora de mercadotecnia. También **PERCIBIÓ** que nada le impedía volver a echar a andar su antiguo negocio de selección de personal. Y lo hizo. Ante las circunstancias difíciles, usó una importante técnica de crecimiento llamada **ENFOQUE MÚLTIPLE**.

Enfócate. Enfócate. Enfócate. Lo hemos dicho varias veces durante el curso. Pero el enfoque del **TIMING** es de un *tipo especial*. Lo explicamos desde la primera semana:

> «Sin apagar el radar (con todos los sentidos alertas para captar peligros y oportunidades alrededor), **concéntrate en el *BEAT* RÍTMICO adecuado**. Incluso esa pareja que camina por el bosque tomada de la mano, se enfoca en los sonidos y las vibraciones del ambiente. Percibe todo lo que te rodea, pero discrimina rápido y no te distraigas con las moscas que vuelan».

¿Captas el truco? El enfoque del TIMING es MÚLTIPLE. Así: Me concentro en mi labor → echo un vistazo al entorno. // Vuelvo a mi labor → echo un vistazo a la ruta. // Me enfoco de nuevo en lo que hago → echo un vistazo a los peligros. // Me concentro en mi trabajo → echo un vistazo a los atajos y oportunidades. // Sigo haciendo bien mi labor.

EL FACTOR ¿QUÉ SIGUE?, sólo se da con ENFOQUE MÚLTIPLE: Disfrutas lo que estás haciendo → revisas mentalmente

¿QUÉ SIGUE? // Vuelves a enfocarte en la acción → calculas de nuevo **¿QUÉ SIGUE?**

> Ejemplo de un buen conductor: Maneja → ve el retrovisor. // Maneja → mira al semáforo. // Maneja → detecta al niño que puede salir detrás de un auto estacionado. // Maneja → regula el aire acondicionado. // Maneja → sintoniza la música...
>
> Si se queda demasiado tiempo mirando la radio o al niño que puede cruzarse, chocará con el auto que se acaba de detener frente a él...

Para expandir nuestro predominio necesitamos usar el **ENFOQUE MÚLTIPLE**.

Algunos oradores han caricaturizado el ENFOQUE MÚLTIPLE diciendo que es privativo de las mujeres, o de los hombres, o de los niños, o de las tamaleras, pero tales discursos son patrañas. El **ENFOQUE MÚLTIPLE** no tiene que ver con el género ni con la edad. Es una **DESTREZA DEL TIMING** que cualquiera puede practicar y perfeccionar.

59

INICIATIVA TENAZ

Como sucede con las personas que sobreviven a un accidente de aviación u otro similar, todos los integrantes de la nueva empresa estaban ávidos de aprovechar el tiempo y ser productivos.

Acomodamos las sillas necesarias en la estancia principal de las oficinas. Tardamos en entrar en materia porque muchos de los presentes querían dar detalles de sus experiencias recientes. Habían crecido internamente y ahora estaban decididos a hacerlo de forma externa.

Les auguré un gran éxito.

La octava conferencia fue una reunión única; especial. Los asistentes tenían una actitud alegre y participativa. Me fascinó la mirada atenta de todos ellos. ¡Cómo disfruté hablándoles!

Había algo en ese equipo de trabajo que funcionaría como un resorte de prosperidad; lo pude percibir y se los dije. Tenían la cualidad más poderosa del crecimiento. Se llama **INICIATIVA TENAZ**.

INICIATIVA se define como *la cualidad que nos hace adelantarnos a los demás en acciones útiles*. Por otro lado, el **INDIVIDUO TENAZ** es *alguien firme, decidido, perseverante en un propósito*. Ahora, une las dos definiciones e imagina el carácter de una persona que tiene **INICIATIVA TENAZ.**

En cierta ocasión cancelaron un vuelo de mi esposa y bajaron del avión a todos los pasajeros con la promesa de acomodarlos en el siguiente.

Era temporada alta. El aeropuerto estaba lleno.

Les pidieron a los ciento cincuenta clientes que esperaran al agente que llegaría a tomar sus nombres para ponerlos en lista de espera. Pero mi esposa no obedeció (si hay alguien que conozco con INICIATIVA TENAZ, es ella). Salió corriendo de la terminal, mientras corría le llamaba a mi asistente por teléfono para que le hiciera una reservación nueva; llegó a la sala de documentación, las filas eran largas, pidió hablar con un gerente y consiguió el único lugar que había disponible para el siguiente vuelo. Claro que el gerente tuvo que apresurarse a tomarlo porque alguien más estaba reservándolo por teléfono ¡con el mismo nombre de ella! Le dijo "señora, tiene usted muy buena suerte" (claro).

Media hora después, llegaron a esa sala de documentación los otros ciento cuarenta y nueve pasajeros a quienes nunca atendieron. Estaban fastidiados, furiosos y sin esperanzas de encontrar lugar.

De nada sirve detectar, por ejemplo (primero que todos), que un accidente está a punto de ocurrir, si nos quedamos sentados y callados. Para que la **GRAN PERCEPCIÓN** y el **ENFOQUE MÚLTIPLE** sirvan de algo, necesitamos **INICIATIVA TENAZ**. Así que dedícate de forma consciente a lograrla. Eso implicará, por fuerza, que te muevas más. Si te pesa el cuerpo, baja de peso, pero desplázate. Detecta necesidades y súplelas. Percibe lo que puede mejorarse y comídete a hacerlo de inmediato.

Edison es el ejemplo histórico más claro de **INICIATIVA TENAZ**. Al conectar cierta diferencia de potencial a una fibra, observó que ésta se incendiaba iluminando la habitación. Pensó que en algún lugar del mundo existiría una fibra capaz de quemarse con tanta lentitud que iluminara por varias horas o días. Lo intentó con miles de materiales. Las combinaciones provocaron explosiones, incendios y todo tipo de reacciones inesperadas. Pasaron varios años y no logró lo que deseaba. Alguien le preguntó: "¿Que se siente haber fracasado miles de veces?" Y él contestó "Yo no he fracasado; he aprendido miles de formas de cómo se obtienen resultados distintos". Toda esa sabiduría acumulada lo llevó a descubrir que la combustión eléctrica prolongada que tanto buscaba solo podría ocurrir en el espacio sideral, donde no hay oxígeno. Así que hizo un vacío de aire a la bombilla de cristal y el foco encendió.

Así describimos la INICIATIVA TENAZ: Usar todos los recursos, aprender de los distintos resultados, capitalizar las experiencias e ***insistir una y otra vez*** hasta lograr la meta. Cuando una persona o empresa se mueve con verdadera **INICIATIVA TENAZ,** su influencia se propaga llegando a lugares y tiempos inverosímiles.

60

PRESENCIA FÍSICA EXPANDIDA

Después de la última conferencia del **MÉTODO TIMING**, volví a visitar la empresa un par de veces. Les auxilié a realizar sus manuales operativos, y trabajé con los dirigentes para establecer las políticas de una cultura empresarial sana.

Luego dejamos de vernos.

Joch me manda mensajes de vez en cuando. Se aferró a la **INICIATIVA TENAZ**.

Como la nueva empresa necesitaba líderes con experiencia operativa y a él no le gusta trabajar en oficinas, se dedicó a rehabilitarse físicamente. Inició un nuevo programa de ejercicios guiados por terapeutas expertos, y en menos de seis meses ya ha dejado uno de sus dos bastones. Aunque está destinado a cojear siempre, se mueve, según me ha dicho en sus correos, con una ligereza sorprendente. Muchos ni siquiera notan su discapacidad.

Me escribió: «Han sido muchas horas de estar ahí; rehabilitándome; trabajando en tiempo real. Cuando pasé por la terrible "depresión del improductivo", estaba siempre encerrado. No quería que nadie me viera. Deseaba desaparecer. Hoy sé que para lograr crecimiento, hay que estar presentes en todo lugar que deseemos conquistar».

SI QUIERES QUE SUCEDA LO MEJOR, DEBES ESTAR AHÍ. Nada puede sustituir tu presencia ***física***. Para conquistar un terreno hay que pisarlo. El aislamiento te quita el control. Si la gente no percibe tu presencia, no existes. Es cierto que ahora puedes usar medios de monitoreo bastante sofisticados, pero no basta con observar desde lejos o que alguien te diga lo que está pasando, *la gente debe verte*, debe *sentirte*. Así que termina ese trabajo de oficina y sal del escondite, deja de enviar fotos o mensajes; abre la puerta y ve al campo de acción, es ahí donde se libran las batallas día a día.

Mantén la iniciativa de ir; haz que las suelas de tus zapatos ***pisen físicamente*** todo lugar que te interese y cuando llegues ahí, transmite tu energía personal. Deja de ser la bestia encerrada en sus aposentos que gruñe porque las cosas no suceden como le gustaría. En vez de eso, hazte presente, visita a las personas, salúdalas con entusiasmo, míralas a la cara, sonríeles, háblales fuerte y cortésmente. Paséate por los terrenos trayendo contigo el **RITMO PRODUCTIVO** y contágialo. Transmite a los demás que todo está bajo control, que tanto tú como ellos tienen la capacidad para **MANEJAR PROBLEMAS**, que no deben preocuparse, sino ocuparse.

61

PRESENCIA MORAL EXPANDIDA

Cuando tus sistemas de calidad funcionen por sí solos, (incluso después de tu muerte), habrás conseguido tener **PRESENCIA MORAL.**

Para llegar a este punto, tendrás que haber expandido primero tu **PRESENCIA FÍSICA.**

Edison estuvo ahí, en su laboratorio, trabajando, todos los días, año con año. Eso dio como consecuencia una **PRESENCIA MORAL** que permanece en el mundo. Por eso cuando murió, en Estados Unidos apagaron la luz de todo el país por un minuto.

Tu PRESENCIA MORAL es:

► Lo que tus sucesores o discípulos hacen gracias a lo que aprendieron de ti.
►Lo que ocurre de manera automatizada gracias a lo que creaste o inventaste.
► Lo que dejaste escrito y ha quedado como una guía.

En términos empresariales, tu presencia moral está en los **MANUALES DE PROCESOS** que escribiste, corregiste o enriqueciste. En tu empresa tal vez haya modelos de operación, visión, misión, lemas, logotipos, bandera, tradiciones, dogmas, pasos a seguir. Sin embargo, es muy posible que todo eso esté en archivos que se empolvan por la falta de uso. Si existen los documentos, ha llegado el momento de darles respiración de boca a boca y resucitación cardiaca.

Vuélvelos a la vida. Púlelos, actualízalos, digitalízalos, simplifícalos, preséntalos, dales su lugar y hazlos funcionar de nuevo. Si en tu empresa no existen esos manuales, comienza de inmediato a elaborarlos. A como dé lugar, **EXPANDE TU PRESENCIA MORAL** a través de los **MANUALES OPERATIVOS**. Solo eso hará que los procesos se realicen de manera automática, los plazos se cumplan a tiempo y el dinero fluya sin impedimentos.

62

CONTROL EXPANDIDO

Encontré a Isabel hace unos meses, durante la feria del libro en Guadalajara. Visitó mi stand. Yo estaba atendiendo una larga fila de lectores que deseaban una firma en sus libros. Ella se formó. Puso sobre mi mesa un ejemplar de *Te desafío a prosperar* y me dio su nombre. De inmediato reconocí la voz. Levanté la cara y me puse de pie. La saludé con cariño. Traía en brazos un bebé.

—Te presento a Alex Joch.

—Hola, campeón —tomé la mano del pequeño; tendría unos seis meses de nacido—. ¿Cómo han estado, Isabel?

—Bien, amigo.

—Qué gusto verte. ¿Dónde está tu marido?

—Trabajando. Ya sabes. Desde que aprendió sobre el TIMING no puede parar. Va de un lado a otro, progresando cada día, claro, pero queriendo controlarlo todo.

—Entonces no comprendió bien el método.

—Exacto. Eso le digo. Es un obsesivo. Supo que estabas aquí y me pidió que te invitara a cenar. ¿Quieres? Nos va a alcanzar en el restaurante.

—Por supuesto. Me desocupo en dos horas. Me encantará charlar con ustedes otra vez y jalarle las orejas a ese párvulo.

Salvador Díaz Mirón, explica el **CONTROL EXPANDIDO** con una poesía:

Fiando en el instinto que me empuja,
desprecio los peligros que señalas.
El ave canta aunque la rama cruja,
como que sabe lo que son sus alas.

Imagina: El ave está en la cima del árbol, hay tormenta, sobreviene un viento atronador, el tronco cruje; parece que en cualquier momento el árbol se caerá. Pero el ave sigue cantando "despreciando los peligros que señalas", tranquilo y alegre, ¡porque "sabe lo que son sus alas"!

El ave confía en sus recursos. Tú también.

Sigue el MÉTODO TIMING paso a paso. Eso te dará alas. Después, confía en ti; ante una situación difícil, no te asustes. Eres más fuerte de lo que crees. Por ningún motivo pienses que ahora tienes que controlarlo todo. Incluso el futuro. Porque, reconócelo; es imposible tener absoluta seguridad de lo que sucederá mañana. Los eventos quizá no ocurrirán como los planeaste. Deja que las cosas fluyan, estando alerta (eso sí) y confiando en tus alas; sobre todo cuando la rama cruja.

Imagina esta analogía: el auto en el que viajan tus compañeros de trabajo se ha quedado sin frenos; cinco minutos antes de que pase junto a ti, el chofer te llama por el celular y te dice que una tragedia está por suceder. ¿Qué haces? Solo cuentas con cinco minutos. No entres en pánico; mira el escenario de forma panorámica, agudiza tus sentidos, gira la cabeza, revisa la periferia, escanea con la vista todas las rutas de salida, todas las oportunidades, todas las posibilidades de acción. Al hacerlo, tal vez detectes que el auto sin frenos va directo hacia una ligera subida donde se irá deteniendo por sí solo. Eso es **CONTROL EXPANDIDO**. ¡Respira hondo y dile al chofer por teléfono que siga por la ruta! ¡La subida los frenará!

A veces debes dejar que la gente se equivoque, o realice las cosas de una forma diferente a como tú las harías. Lo importante es el resultado a largo plazo. Si no se alterará, ¡relájate! No digas nada. No hagas nada. A veces te conviene permitir que ciertos sucesos u objetos estén (desde tu óptica) fuera de lugar. Es bueno que sucedan crisis o tormentas porque los arreglos posteriores suelen dejar las cosas mejor que antes. Tu única obligación imprescindible es estar alerta.

Si al girar la cabeza, analizando la periferia, detectas que el auto de tu equipo entrará en una prolongada pendiente hacia abajo, muévete rápido. Súbete a tu propio auto, pon las luces intermitentes y cuando veas venir el coche sin frenos, acelera. Haz que choque con tu defensa y frénalo poco a poco.

¿Cuándo callar y cuando intervenir? ¿En qué manual se explica? ¡En ninguno! Las cosas que puedes hacer, solo a ti se te pueden ocurrir. Es el **PRINCIPIO DE UNICIDAD**. Porque en tus actos y soluciones hay una historia y una sensibilidad implícita que no tiene ninguna máquina. La mala noticia es que todos los días necesitarás improvisar. La buena es que tienes alas.

► Conozco a un joven amigo de mi hermano, que era galán, atractivo, seguro de sí mismo; pero solía vivir **SOBRADO** ‡; le gustaba insultar, agredir y decir majaderías a todos los que le caían mal. Un día los interlocutores no soportaron su “sinceridad” e iniciaron una pelea callejera. El amigo de mi hermano era bueno para pelear, pero sus contrincantes lo eran más y le golpearon la cabeza con una barra de hierro hasta que le rompieron el cráneo. Cuando volvió en sí, después de varios meses en estado de coma, tenía un daño cerebral. Jamás volvió a ser el mismo.

► En otra ocasión vi cómo dos hombres insultaban y piropeaban morbosamente a la esposa y a la hija de un señor que caminaba con su familia por la calle. El agredido se dio la vuelta para defender a sus mujeres. Los provocadores lo retaron, esperándolo con cuchillos en las manos. Le dijeron que su esposa era una “*%#” y su hija otra *%#”, y que estaban buenísimas y que ellos se las iban a “#%*”. Yo me encontraba cerca. Percibí la peligrosidad del momento. Estaba a punto de presenciar una pelea. Pero el caballero respiró hondo, se tragó el coraje; tomó a su esposa e hija de la mano, dio la media vuelta y se alejó del lugar. Los agresores les lanzaron una lluvia de ofensas. Él siguió caminando apartando a sus mujeres del peligro.

En ambos casos la provocación fue parecida, sin embargo, el amigo de mi hermano, que peleó cuando debía cruzarse de brazos, está dañado para siempre, mientras el hombre que supo controlarse y decidió no hacer nada, sigue vivo, sano y con una familia preciosa.

MENTALIDAD EXPANDIDA

Expande *tu cerebro* por sobre todas las cosas. No importa quién seas o cuántas credenciales tengas, sigue expandiendo tu mente. Según investigaciones publicadas por la universidad de Stanford, los conocimientos se duplican cada cuatro años. Eso significa que si tu título académico tiene fecha cuatro años anterior a la de hoy, todo lo que sabes, todo lo que aprendiste, es obsoleto.

No puedes centrarte en el diplomita que tienes, y esconderte detrás de él para justificar tus conocimientos. El mundo se mueve y cambia más rápido de lo que creías. Así que asiste a conferencias. Escucha consejos. Escribe conclusiones. Mueve tus neuronas. El cerebro necesita ejercitarse. Mételo al gimnasio. Deja de confiar ciegamente en *Google, YouTube* y *Wikipedia*.

Hoy en día abundan ignorantes con teléfonos inteligentes. Gente que ha renunciado a pensar, que ya no razona, no lee libros, no memoriza ni ejercita su cerebro. ¿Para qué, si ahora el teléfono piensa por ellos? El Internet ha cambiado al mundo, pero una persona inteligente no puede fiarse por completo en los datos de la Red, simplemente porque cualquiera sube información. El blog del hippie Nepomuceno puede convertirse en el referente más visitado para muchos cibernautas que creen hallar ahí la información necesaria. Hay una epidemia de pereza intelectual que nos hace vulnerables a recibir información equivocada, porque aunque hay muchos datos buenos en Internet, también hay mucha basura.

¡Necesitas leer libros serios y asistir a cursos verdaderos! ¡Actualízate con la conciencia de que no importa quién seas o qué hayas logrado, aún tienes mucho que aprender y que crecer!

Joch se había dejado el cabello ligeramente largo. Las canas lo hacían parecer uno de esos directores de orquesta que mueven la melena para generar el ritmo.

Nos abrazamos antes de tomar asiento. Aunque la mesa del restaurante era cuadrada, Isabel y él se acomodaron juntos, en un costado frente a mí; parecían recién casados.

—¿Y su bebé? —pregunté—, ¿dónde lo dejaron?

—Con mi madre —dijo Joch—, le comentamos que vendríamos a cenar contigo. Te manda saludos. Está muy agradecida. Dice que el curso de **TIMING** me salvó la vida. Yo creo que exagera.

Reímos.

—Claro que exagera. El curso no sirve para nada si no se aplica. Fuiste tú quien hiciste cambios. ¿Y cómo van las cosas en la empresa?

—Mejorando día a día. Nos levantamos de las cenizas. Fue muy duro. Algunos de nosotros tardamos en entender que la corrupción y la codicia desmedida de gente interna y externa fuera un factor de destrucción tan tremendo. Pero aprendimos mucho. Dicen que lo que no te mata te fortalece. Ahora tenemos cuidado de no cometer los mismos errores. El director general estableció un sistema de vigilancia interno. Ya sabes. Todo el tiempo estamos conscientes de *movernos en RP, gestionar con calidad, usar motores de rendimiento, comunicarnos con poder, proclamar nuestra unicidad, trabajar en sincronía, fortalecer el liderazgo y expandir nuestra visión.* En la empresa usamos los términos del **TIMING** como parte de nuestro vocabulario diario. Somos muy propositivos. ¡Y nos está yendo bien! Aunque mantuvimos el nombre de la empresa, cambiamos el eslogan, la visión, la misión, la cultura y las políticas. Fue una limpieza de fondo. El personal enviciado como mi queridísimo *gran jefe toro sentado*, se fue; de hecho, estuvo en la cárcel un par de meses. Otros también salieron; algunos de sangre nueva y entusiasta, entraron. En menos de un año somos más de cien personas otra vez y hemos aumentado diez veces la facturación. Estamos conquistando un *oasis de clientes cautivos* con mucha firmeza. El futuro se ve prometedor.

Joch hablaba con tal entusiasmo que no percibió al mesero parado junto a él.

—¿Algo de beber?

Ordenamos una jarra con agua de horchata y aproveché la interrupción para tomar la palabra.

—Eres un hombre apasionado, amigo. Volviste a tu esencia. Sin embargo, gente como tú, debe estar consciente de algo muy serio. El **MÉTODO TIMING** tiene un grave peligro. Aunque es una buena herramienta de productividad y puede ayudar casi a cualquier persona o empresa a crecer, también conlleva cierto daño colateral —Isabel se inclinó en su silla; Joch alzó las cejas y ladeó la cabeza para escuchar mejor—, las fórmulas del **TIMING** implican trabajo, cálculos, esfuerzo, movimiento, pero al final, funcionan. La gente que las aplica se puede volver muy aficionada a sus logros. De hecho hay personas codependientes del trabajo, que no pueden dejarlo, a pesar de que se la pasan perdiendo; ¿qué les sucedería al descubrir un método con el que obtengan buenos resultados? ¡Podrían perder el equilibrio sin darse cuenta! ¡Joch, recuerda que tu recurso más valioso se llama *tiempo*, y que el buen negociante invierte sus recursos para obtener más! El **TIMING**, por definición debe *generarte más tiempo*. Tiempo para ti, para tu familia, para tu esposa, para tu esparcimiento y descanso. Practica este colofón y difúndelo en tu empresa. No dejes que el crecimiento se convierta en una simple burbuja susceptible a romperse y venirse abajo cuando las personas clave como tú comiencen a enfermar, a perder a sus familias o a tener accidentes otra vez.

Joch asintió y levantó una mano poniendo su palma frente a mí. Tardé en comprender el gesto. Su sonrisa me dio la pauta. Levanté el brazo y abrí la mano chocándola con la suya. No eran necesarias más palabras. Pero Isabel prefirió dejar bien asentado el compromiso.

—El director general te ha estado insistiendo que tomes vacaciones. ¿Cuándo lo harás?

—Pronto.

—Pronto es nunca —dijo Isabel—. Calcula los tiempos. Acorta los plazos y acomete. Tu agenda la controlas tú. Dame una fecha y hora.

No pude evitar reírme. El tono de Isabel fue gracioso. Joch la abrazó y la besó.

—Mañana mismo daré aviso. Nos iremos de vacaciones el lunes.

VIVIR DE LA MEJOR FORMA

Querido lector. Solo se vive una vez. Hazlo de la mejor forma. Sin perder el equilibrio de tus áreas personales, o mejor dicho, generando ese equilibrio en ellas, aplica el MÉTODO TIMING.

Cualesquiera que sean tus metas, ve tras ellas y consíguelas. No titubees. Suma valor a todo lo que toques. Da fruto; progresa para tu provecho, pero brinda a otros el beneficio de tu trabajo. No olvides que se recuerda con mayor admiración y cariño a las personas altamente productivas, porque siempre dejan un legado.

Haz las cosas cuando se tienen que hacer. En tiempo exacto. Y hazlas bien y rápido. Vende tus ideas con poder. Tú eres diferente. Tu empresa es diferente. Tu equipo de trabajo es diferente... y todos en conjunto tienen fortalezas que los hacen únicos.

Infunde un espíritu de lucha en la gente que te rodea. Como equipo, sueñen mucho pero actúen más. Concreten rápido, muévanse en control, sin perder de vista que tienen prisa. Organicen papeles, documentos, entornos; limpien y preparen el terreno para que su labor sea más fácil. Practiquen delegar y trabajar por objetivos. Comuniquen las ideas de manera específica y con claridad. Que su comunicación sea tan honesta que la gente detecte cuán legítimos son. No se paralicen ante los problemas. Logren una visión global y un olfato especial para detectar ese 20% de las actividades que generan el 80% de las utilidades. Elijan lo que deben hacer cada día. Aprendan a descartar lo menos importante. Innoven, creen, convenzan, vendan. Manténganse relajados, alertas, atentos al reloj, avanzando siempre, concentrados en las metas, e infundiéndose confianza mutuamente.

Porque ya basta de perder.

Es tiempo de ganar...

TERMINOLOGÍA

Con base en lo estudiado y en tus propias reflexiones, define las siguientes palabras. Haz este ejercicio con honestidad; (al final del curso compara tus respuestas con el GLOSARIO OFICIAL COMPLETO que puedes descargar en WWW.METODOTIMING.COM).

A partir de hoy, usa la terminología en tu vocabulario diario:

(88) CONTROL EXPANSIVO.
(89) EXPANDIR LA PERCEPCIÓN.
(90) CEGUERA POR DESATENCIÓN.
(91) INDIVIDUO CON BUENA SUERTE.
(92) EXPANDIR NUESTRA AUTOCONFIANZA.
(93) EXPANDIR NUESTRO ENFOQUE.
(94) ENFOQUE MÚLTIPLE.
(95) EXPANDIR NUESTRA INICIATIVA.
(96) EXPANDIR NUESTRA PRESENCIA.
(97) PRESENCIA FÍSICA.
(98) PRESENCIA MORAL.
(99) EXPANDIR NUESTRA CALMA.
(100) EXPANDIR NUESTRA MENTE.

Visita la página **WWW.METODOTIMING.COM**. *En ella encontrarás materiales complementarios para aplicar este curso a cuatro diferentes escenarios:*

1. *EMPRESAS DE SERVICIO, COMERCIALES E INDUSTRIALES.*
2. *ESTUDIANTES Y MAESTROS DE CARRERAS PROFESIONALES.*
3. *GRUPOS DE CRECIMIENTO PERSONAL Y DE AYUDA A LA SOCIEDAD.*
4. *APLICACIÓN INDIVIDUAL / FAMILIAR.*

También hallarás diversas formas en las que **EL AUTOR DEL MÉTODO Y SU GRUPO DE FACILITADORES** *podrán apoyarte con la asesoría de tu equipo.*